商务印书馆（成都）有限责任公司出品

Distant Strangers
How Britain Became Modern

JAMES VERNON

远方的陌生人
英国是如何成为现代国家的

[美] 詹姆斯·弗农 —— 著　张祝馨 —— 译

商务印书馆　The Commercial Press

DISTANT STRANGERS: How Britain Became Modern
by James Vernon
Copyright © 2014 The Regents of the University of California
Published by arrangement with University of California Press
Simplified Chinese edition copyright © 2017 Shanghai Sanhui Culture and Press Ltd.
Published by The Commercial Press
All rights reserved.

献给阿尔夫（Alf）

目 录

插图目录
前　言 001

第一章　什么是现代性？........ 011
第二章　陌生人社会 033
第三章　统治陌生人 075
第四章　与陌生人结盟 109
第五章　陌生人经济 141

结　论 177

注　释 185
索　引 217

插图目录

1. 人口增长率比较图　　　　　　　　　　　　　　　024
2. 城市人口百分比比较图　　　　　　　　　　　　　025
3. 人口密度比较图　　　　　　　　　　　　　　　　026
4. 向利物浦、曼彻斯特、博尔顿的移民（1851年人口普查）　　045
5. 付费公路枢纽的发展（1750年和1770年）　　　　047 / 048
6. 公路—马车旅行的速度增长（1750年和1821年）　　051
7. 铁路网络的发展（1840—1900年）　　　　　　　052
8. 铁路旅行时间和距离（1845年和1910年）　　　　054
9.《伦敦的巴士生活》　　　　　　　　　　　　　　063
10. 白厅的"庄严"空间　　　　　　　　　　　　　　102

前言

本书讨论了过去三个世纪——甚至整个人类文明进程——中最伟大的历史转型。它试图解释我们是如何成为现代人的，并考察了会被称为"现代性"（modernity）的现代生活的特征。本书揭示了在18世纪中期到19世纪晚期这段时间内，出现在英国的全新的、现代的社会境况。英国人口的急剧扩增，及其在更广范围内日益增加的流动性，创造了一个充斥着陌生人的社会。这就引出了一系列关于如何管理经济、政治和社会生活的问题。权威、联盟、交易，这些植根于个人和本地关系的旧有关系模式渐渐变得无法满足人们的需求，难以为继。另外，许多抽象的、官僚化的体制不断涌现，以支持远方的陌生人之间的经济、社会和政治关系，从而逐渐替代了那些旧式机关。然而，这并未导致人们对现代世界期待的幻灭，因为这些代表了官僚主义抽象化的新体制，因个人和本地关系的衰落而兴起，却也促进了后者的复苏。因而，现代境况不仅仅是一种在陌生人社会中的全新生活体验，还是一个辩证的过程，权威、联盟、交易这些旧模式正是在这个过程中得到了重塑。

我们有理由认为，英国是世界上第一个经历这种转型，并进入现代化的国家。然而，相比英国是否是第一个现代社会，或是否创造了现代世界（如数不胜数的书籍和大学课程所指出的），我更感兴趣的问题是，此种意义上的现代性是否也适用于其他社会？在过去的几十年里，和其他社会科学家一样，历史学家们渐渐认识到，每个社会都能以其独有的方式成为现代社会；现代性经验的数量和种类是无限的。我的观点是：这种解释会使"现代性"这个术语失去意义或分析上的用途。因此，本书的真正目的，以及本书可能会吸引那些对英国毫无兴趣的读者之原因，是证明如下论点：如果想要"现代性"这个范畴仍有分析上的意义，就必须找到所有社会都会经历的那种特有的情境或过程，即便其形式可能多种多样。

这个论点非常小众，因此我必须从得出这个结论的原因开始解释。过去一个世代以来，历史学家们费尽心思，一再强调如今发生的事件已越来越少，他们试图通过这种做法让过去的历史看上去更有趣一些。可以肯定的是，通过将全球的事件，将更多的人、动物甚至是物体纳入历史，我们已使其变得更民主了，但我们对历史变迁愈加复杂化的解释，容易赋予历史一种平静的必然性。在对待欧洲史时，这种情况尤为明显。从19世纪晚期开始，为了解释欧洲的过去，历史学分支下的现代学科兴起，对现代世界的构成（在美国或被称为西方文明的崛起）做了一次清晰的叙述。叙述包含了一系列有着奠基和转型作用的事件，如文艺复兴、法国大革命、启蒙运动、工业革命，以及民族国家（nation-state）的崛起。史家渐渐对这个叙述产生怀疑，并开始注意到那些被排斥在外的欧洲民族，以及历史上其他文明对此的完全不同的解释。在这个过程中，史家修正了这段叙述。他们相信，所有曾经被认为具有奠基意义的事件，其实都有着更为复杂的历史背景。他们开始认为，在社会进程中，这些事件并不那么具有转型意义，它们只是几个世纪以来漫长却不均衡的转变过程和逐渐扩张的地理版图所造成的后果。过去对不断发生的革命性激烈转型的历史叙述，如今要让位给一个充满了连续性和不确定性的相对平淡的历史。

作为工业革命的起源地，在后一种"平淡的"历史阶段，英国通常都占有一席之地，因此成为历史编纂的重要阵地。这个势头在20世纪30年代逐渐显露：塞拉（W. C. Sellar）和伊特曼（R. J. Yeatman）在《1066及一切》（*1066 and All That*）中戏仿了学校中教授的胜利主义"鼓吹式"（drums and trumpet）英国史；克莱彭（J. H. Clapham）在其巨著《现代英国经济史》（*An Economic History of Modern Britain*）中探索了英国工业革命的节奏和规模。第二次世界大战之后，美国现代化理论开始力捧英国的快速工业化与其政治及社会稳定的完美结合，又掀起了一股编史的风潮。20世纪70年代以前，很少有史家接受这种观点，他们都倾向于强调，在根深蒂固的旧制度（ancien regime）和长时段（long duree）的经济转型面前，英国产生了许多社会及政治冲突。社会变化的"大爆炸"模型逐渐让位给长久的、不齐整的哀诉。对于一些人而言，英国不仅没有创造现代世界，而且从来都不曾成为现代国家。

很显然，这些说法的背后都有其政治意图。20世纪60年代到70年代之间，人们在不同的领域使用"衰落"的比喻，以此来解释英帝国的败亡。英国的"衰退"可指涉：在竞争日趋激烈的全球环境下其经济地位的重置；伴随着爱尔兰、苏格兰、威尔士民族主义的崛起，在这片种族和宗教日益多样化的国土上，多元文化主义的兴盛，及其民族国家的分崩离析；其道德和工业秩序的瓦解。那些修正主义学派的历史叙述弱化了英国在现代世界构成中所扮演的角色，对此，右翼政客，不仅仅是那些后来助长了撒切尔主义崛起的人，认为这是衰落主义（declinism）文化的一部分，如果英国想要再次强盛起来，就必须抑制此观点的蔓延。1988年，在玛格丽特·撒切尔（Margaret Thatcher）二度执政期间，英国学校的历史授课开始采用新的全国统一课程，于是这场争论便在偏左翼的修正主义历史学家和想要恢复英国及其历史往昔荣光的右翼政客之间展开了。而当保守派领导的政府再一次承诺，要改善学生在毕业时仍对大不列颠联合王国的历史一无所知的状况——教育部部长迈克尔·戈夫（Michael Gove）称这历史为"最鼓舞人心的故事之一"——这场争论又被再次激发了。迈克尔·戈夫坚信那些在中小学和大学教授历史的教师已经失去了自己的立场，但希望国家的叙事性历史能够回归（不过不需要那么多鼓吹的内容了），于是他聘请了一些常常出现在电视节目中的历史学家，让他们编写一套新的课程，此举招来了历史学家们的强烈抨击。

而在大西洋的另一端，对英国史之衰落的忧虑正以另一种方式呈现。1998 年，北美英国研究会（North American Conference on British Studies）委托其最优秀的英国史学者评估他们领域的现状。第二年，一份所谓的"斯坦斯奇报告"（Stansky Report）出炉了，这份报告相当令人沮丧。报告花了大量篇幅复述传闻，而真实的数据却很少。文章哀叹了英国史在各个层面都被边缘化的命运——本科生对该学科的兴趣日趋减少，研究生的资助项目和工作岗位严重不足，该学科论文发表于主流学术期刊和出版物的机会也渐渐减少。在这种解读下，英国史成了美国和加拿大学界之间文化战争的受害者，该战争给英国史贴上了"死去的白人男性"（Dead White Men，DWM）*的标签，还鼓动各院校历史系将他们的英国史学者替换为其他国家史学的研究者。斯坦斯奇报告对此境遇提出的解决方法是，让英国历史学家做一次帝国主义式的转身，即承认英帝国的蔓延性和爆炸性是存在的。这就是目前在美国，该领域的正统观点。美国在介入曾经的英国殖民地时逐渐踏入了英帝国的阴影之

---

* "死去的白人男性"，指历来是历史和西方文化学术研究的重点的已逝白人男性，也用于批判将较为古老的欧洲历史和意识形态视为重要于其他文化的价值观。——译者注（本书脚注如无另做说明，均为译者注）

中，而此时帝国主义英国的历史却引发了新的共鸣。忽然之间，不论你是拥护者还是批判者（**的确有拥护者认为美国可以效仿英国的帝国主义！**），世界上第一个现代帝国主义强权的兴衰起落都变得异常重要，重要得令人费解。

面对这种对恢复胜利主义国家叙事和宣扬英帝国在现代世界构成中之助益的呼声，大多数英国史学者开始不知所措。毫无疑问，过去的两代学者都没有告诉过我们该如何应对这种触目惊心的主张。自20世纪70年代起，社会史和文化史的兴起引得人们去关注微观史学所呈现出的深度描述，这使得（包括我本人在内的）很多史家对这种宏大叙事的野心和对历史变化的宏观解析十分反感——尽管这种解释法曾深深吸引了前一代历史学家。与此同时，历史学细分为专业性更强的分支学科（按研究主体、年代顺序和研究方法划分），尽管行政任务和学生数量与日俱增，高校院系的重组仍要求我们必须发表更多的论文，这使得学术工作的本质发生了转变。这二者的同时发生绝不是巧合。渐渐地，我们历史学者的研究只能是不断"炒冷饭"，高校的行政部门和政客因而开始质疑我们学科的价值。在英国，本应拨款给高校历史教学的公共基金，也和人文艺术及社科学科的资助一样被完全叫停，有些学校甚至彻底关闭了历史系。

因此，于我而言，重新审视"向现代性的转型"这样的历史问题，似乎是证明历史研究工作仍具有公共价值的一种适时的方法。重拾我们对从宏观角度解析历史变化的信心，能使公众更好地了解过去以及我们的现在。在这方面，我不是一个人在努力，还有很多不同的途径。"大历史""世界史"或"全球史"这些较新的学科已经在很大程度上拓展了历史学科的时间和地理维度及其注释范围。只不过，这些领域之学者的方法是提出智力和制度层面的问题，比如他们能在多大程度上模糊特定国家历史之间的界限，他们教授历史的能力，以及他们使用母语做研究的能力。如果世界史或大历史学者能解决这些问题，那何必去雇用中国史、印度史、巴西史、俄罗斯史的学者呢？更别说那些古代史、中世纪史、近代史（early modern history）和现代史学者了。的确，于比尔·盖茨——大历史学科的重要资助者，线上教学的推广者——而言，一个教授历史的"慕课"（Massive Open Online Course，MOOC）就足够了！

在这种大环境下，我的努力似乎微不足道。因为要试图解释英国是如何成为现代国家的，我必须重新审视那个不断困扰着历史学家的问题，即现代世界与古代、中世纪以及近代世界有何不同？历史是一个串联起这些时代的学科，如果我们连现代的独特性、我们是如何抵达现代的、全球人民为何能共享现代性经验这些问题都无法解释，那么政客、高校行政部门、学生以及公众会对我们的研究丧失兴趣，也就不足为奇了。

我在这本书中对现代的解释方法显然带有妥协和冒险的成分。大问题不仅会引来争论，还总是需要作者去探索自己不甚熟悉的领域。本书绝对不是一部研究专著，而更接近一篇长文，或是一系列的讲座。总会有人觉得那种建立在前人研究基础上的综述型解释文本很无趣，尽管读之前他们可能没意识到。我在引用他人的作品时会尽力声明，但我也努力使注脚减到最少。我只希望本书好读、有趣，尽管它可能会让那些企图在其中寻找考试资料或新研究方向的人失望。

最后，按照惯例是对帮助过我写作此书的人们表示感谢。二十年来，我都在与才华横溢的研究生们相处，这是何其幸运。他们中的许多人会在本书中发现自己研究的痕迹以及我们在课堂内外的对话内容。梅隆资助项目（Mellon-funded program）让伯克利、芝加哥、耶鲁和得克萨斯大学的学生与教师得以就英国向现代转型的本质和时机展开辩论，这是十分振奋人心的，尤其是因为史蒂夫·平卡斯（Steve Pincus）在和我一起主持这个项目的过程中展现出了极大的活力，贡献出了许多精彩的辩论。潘妮·埃斯梅（Penny Ismay）在某种程度上是这本书的合著者，长久以来，我们二人都在为"现代的历史应该是怎样的"这个问题忧虑。特雷弗·杰克森（Trevor Jackson）不仅帮我取得了准确的人口学数据，还帮助我写下了结语。我在此还要对所有读过此书早期草稿，并助我润色文稿的人表达由衷的感谢：戴维·埃涅斯特（David Anixter）、玛丽·伊丽莎白·贝利（Mary Elizabeth Berry）、维纳斯·比瓦尔（Venus Bivar）、保罗·杜吉德（Paul Duguid）、戴斯蒙德·菲茨吉本（Desmond FitzGibbon）、格雷厄姆·佛曼（Grahame Foreman）、约翰·吉利斯（John Gillis）、潘妮·埃斯梅（Penny Ismay）、帕特里克·乔伊斯（Patrick Joyce）、赛斯·柯文（Seth Koven）、托马斯·拉奎尔（Thomas Laqueur）、琼·劳伦斯（Jon Lawrence）、托马斯·麦卡夫（Thomas Metcalf）、克里斯·奥特（Chris Otter）、彼得·萨林斯（Peter Sahlins）、泰拉·萨森（Tehila Sasson）、普莱亚·萨迪亚（Priya Satia）、尤里·斯莱兹坎（Yuri Slezkine）、兰迪·斯当（Randy Starn）、简·德·弗莱（Jan de Vries）、戴维·文森特（David Vincent）、丹尼尔·乌西施金（Daniel Ussishkin）以及叶文心。我也感激 2011 年曼彻斯特社会史社团会议、2012 年春范德堡大学历史论坛、2013 春伯克利大学历史学院座谈会的所有与会人员，感谢他们的批评和提问。2011 年秋天，康拉德·雷瑟（Conrad Leyser）和马特·霍尔布鲁克（Matt·Houlbrook）在牛津组织的讲座和工作坊非常有趣，我在那里收获颇丰。尼尔斯·胡珀（Niels Hooper）为他人之不敢为，让我重拾了对学术出版的信心。金·霍奇兰（Kim Hogeland）和弗朗西斯科·莱金（Francisco Reinking）带领我进入出版业。潘·苏文斯基（Pam Suwinsky）为润色我粗糙的文笔做了极大的努力。尼克·卡达基（Nick Kardahji）为本书整理了索引。

这本书是在动荡的时代中写就的。在金融家们将这个世界引向毁灭之时，我的家庭一直在应付我们自己的危机，我的至亲至爱们彼此依靠，携手共渡难关。在整个过程中，我的姐妹克莱尔和宾妮就是我们家庭的支柱。她们的丈夫以及一大群的孩子（现在都已经成年了！），当然，还有我的母亲斯黛拉，都为这个家做了许多。也正因有了罗斯和我们的孩子杰克、米莎以及阿尔夫,一切才成为可能。他们和他们的爱是我坚持写作的动力。这句话是为你写的,阿尔夫,我很高兴你在我们身边(迟到总比不来好),尽管你总是站错队。

第一章

什么是现代性?

不论生活在哪里，生活条件如何，世界上的大多数人都认为自己是"现代的"，即使他们对这个词的含义都有着不同的理解。回答"现代性不是什么"要比回答"现代性是什么"容易得多。现代性不是一个地点或一方领土，你到达那里时你的护照上不会多一枚印戳。你也无法在某个日期或某个时刻到达现代世界。它既不是一种态度，也不是某种现代主义美学的产物。所以，现代性到底是什么？我们如何辨别现代人，他们又是在何时变得"现代"的？

这些问题在过去的两个世纪中始终吸引着许多优秀的社会科学家。尽管他们的解释各有不同，但大多数社会科学家都接受这样一个观点："变得现代"是一个过程，这个过程需要摧毁"传统的"生活模式，并建立起新的、"现代的"生活模式。在19世纪晚期和20世纪早期，社会科学学科的创立者们认为这个过程具有革命性，并赋予其一种既定的逻辑，这种逻辑最终改变了整个世界。他们发展了两种截然不同的分析类型：一种强调经济和社会状态的变化；另一种则侧重于文化、政治和制度的发展，但这两种解释模式并不是全然对立、无法共存的。大多数人都认为，以上所有领域都发生了剧变，在这一点上大家可以达成共识，真正的争论反而在于其中的因果关系——是经济变化导致了文化发展，还是反之？是社会力量引起了政治变革吗？诸如此类。重要的是，上述两种解释都是基于对不同社会变化的比较分析，以及对其在结构上的理解。它们试图解释的问题不仅仅是"向现代的转型是否受到经济、社会、政治或文化结构的驱使？"，还有"相似的现代化进程为何会在几乎同一时间发生于不同的国家？"

马克思从来没用过"现代性"这个术语，但他显然将资本主义在英国的出现视作对传统经济模式和社会组织的摈弃。正如他在《共产党宣言》中那段令人难忘的文字所述："生产的不断变革，一切社会状况不停的动荡，永远的不安定和变动，这就是资产阶级时代不同于过去一切时代的地方。一切固定的僵化的关系以及与之相适应的素被尊崇的观念和见解都被消除了，一切新形成的关系等不到固定下来就陈旧了。一切等级的和固定的东西都烟消云散了，一切神圣的东西都被亵渎了。人们终于不得不用冷静的眼光来看他们的生活地位、他们的相互关系。"[1] 许多人都受到马克思的影响，认为工业资本主义造成的创新性破坏是现代的重要特色，虽然他们只是跟风发表观点，从未对其原因或后果进行真正的分析。近一个世纪之后，波拉尼（Karl Polanyi）写下了《大转型：我们时代的政治与经济起源》(*The Great Transformation*，1944)。波拉尼认为，他所谓的"大转型"本质上并不是指资本主义及其新型生产模式，而是指意识形态对自由市场的虚构，以及对围绕这种虚构所展开的社会生活的再组织。[2] 波拉尼在该书中的主要批判对象并非马克思，而是在 20 世纪四五十年代使资本主义的自由市场模型加速运转的那些人，他们视英国的工业化为世界历史的模板，认为其经济增长和现代化的进阶模式应受他国效仿——这种观点受到了波拉尼的抨击。[3]

正如马克思相信现代的"布尔乔亚时代"(bourgeois epoch)伴随着阶级斗争和"一切社会状况不停的动荡"，其他人在分析现代性时也将其视为一系列新的社会状况的体验。在恩格斯的《英国工人阶级状况》(*The Condition of the Working Classes in England*，1844)出版后，越来越多的关注投向了城市化进程，人们通常将其视为工人们涌入工业生产的新城市中心寻找工作机会的结果。这些新兴都市中各种社会关系被重新铸造的过程，即它们在相互对立、凝聚或失序中的动态，成为涂尔干（Durkheim）和齐美尔（Simmel）[4] 的古典社会学的研究对象。

这些将现代性诠释为"植根于工业资本主义和城市化的经济或社会状态"的理论并非没有招来异议。自 19 世纪晚期起，就有许多与之对立的诠释，它们侧重于构建起现代生活的文化、政治和制度基础。这些诠释——尤其是梅因（Henry Maine）、滕尼斯（Ferdinand

第一章 什么是现代性？ | 015

Tonnies)和韦伯(Max Weber)早期理论——的一个关键要素,就是个人主义的兴起及其在现代律法、社会和政治组织体系中日益增强的重要性。博学者如亨利·梅因——他是法学理论家、历史学家及文官——认为从阶级到契约的转变是现代文明的基础。为证明此观点,他指出,司法权威和权力已从以亲族或部落关系为基础的体系转变为以个人为中心、由国家裁决的体系。无独有偶,德国社会学家斐迪南·滕尼斯也提出了类似观点,即存在着两种社会组织,他称之为礼俗社会(Gemeinschaft)和法理社会(Gesellschaft)。前者以内在的社群归属感和社会生活中的互利关系为特征,后者则指代一种个人主义,自发性的结盟在其中都出于功利和自我服务的目的。尽管滕尼斯承认这两种社会形式是可以并存的,但他认为在现代工业和城市的环境下,存在一种由礼俗社会向法理社会的转型。[5] 最后,马克斯·韦伯也将个人的崛起置于现代境况的中心。他也从两方面论述了这个观点。首先,他指出资本主义在竞争性质的个人主义中的滥觞要追溯到宗教改革;其次,他探讨了政治威权的转型——从赋予特定群体或个人掌控其所属社群之权力的个人领袖模式,转变为通过理性控制的抽象体系治理对象的现代匿名官僚体制。

显然,所有这些对现代性的经典诠释都认为传统和现代之间泾渭分明。有人甚至可能会说(事实上很多人已经这样认为了),这些经典论调的陈述者对传统事物的描述(陈旧、原始、封建等——这些词汇都带有贬义)并不是为了精准地勾勒过去,而是为了估测过去和当下境况之间的距离,"现在"才是他们试图分析和获得的对象。[6]在一定程度上,这就是关键。当同代人都对当下的体系和境况熟视无睹时,这些理论家的目标却是强调其在历史上的新颖性。构建起"现代世界的运行模式仍然是相对老旧的"这样的观念,能使现代世界动摇,也会因此使它具有再次变革的潜在可能。

然而这些对传统的讥讽即是对现代的讥讽。由于传统的事物往往能阐明现代事物的存在,反之亦然,因此对导致二者分野模糊的重叠部分,总是没有合理的解释。的确,从传统到现代的过渡总是被描绘得非常绝对、迅速,这种过渡通常被认为是通过一系列——科学的、农业的、工业的——革命而发生的。这些革命总是相继发生,在后来被人们称为"现代化"的发展过程中,它们如同一系列的连锁反应:农业革命为工业化创造了可能性,而工业化又促进了城市化进程。尽管这个现代化的过程是一个特定时代和特定地点(不论是1780—1830年的英格兰,还是1780—1880年的欧美)的产物,但人们仍然认为,它在广义上也具有重大意义。所有希望变得现代的人都必须遵循既定的路线前行,否则只能受制于传统的枷锁,或是囿于伪现代的牢笼。当冷战期间的美国和苏联提供了现代世界的竞争范本时,这种将现代化视为一个"普遍性剧变过程"的古典模型逐渐引起了学界的更大兴趣。[7]

到20世纪晚期,人们已不再相信这些关于现代化的理论和诠释。历史学家最先开始揭露这些历史发展的通用模型的谬误,其中包括爱德华·汤普森(Edward Thompson)的预测:"工人阶级的崛起将如日出一般不可避免。"后殖民主义批评家也做了如是揭露,他们坚持认为现代世界的铸就未必要使用欧美的模具。然而,为了迈入现代,西方毕竟是以早先他们所奴役和殖民的人为代价,之后才围绕他们自身的经验整理出了所谓的"历史进步的普遍法则"。[8] 后殖民主义批评家主张,从西方向非西方的涓滴式(trickle-down)* 现代化进程是不存在的,并没有通向现代的唯一路径,现代化也无法通过效仿来完成。这些批判是如此具有说服力,以至于到 1995 年,在各大学术期刊中,"现代化"这个术语——及其所代表的连锁却又非线性的发展过程——已经完全被倾向性不那么明显的"现代性"(modernity)[9] 所替代了。从文化角度来看,现代化是历史的特殊产物,因此没有通向它的唯一路径,然而现代性却使现代境况有了多样化的可能性,它在世界的各个角落以不同的地域形态和数量存在着。[10] 的确,当"现代性"这个术语不再指涉转型的特殊条件或过程时,它通常被用来描述所有包含现代修辞的语境。由于现代性变成了一个单纯的词汇,对其研究便成了考察这个词汇的不同用法和含义,以及这些用法和含义背后的政治内涵。[11] 如此,现代性就成了一系列带有不同前缀的单词,其范围已远远超过了其地域或国家形态。因此,仅仅是在两次世界大战之间的英国,就出现了各种各样在概念上相互矛盾的现代性:保守的、殖民的、

---

* 亦即涓滴效应,该术语起源于美国幽默作家威尔·罗杰斯(Will Rogers),指一个体制中给予上层人的利益会传递给较低阶层的人。

帝国主义的、郊区的、同性恋的、女性的、性别的以及都市的![12] 对一些学者而言,现代性如今甚至可以与表示态度的形容词联用——危险的现代性、错置的现代性、被折射的现代性。如果要说在现代性这些不断衍生的词缀之间有什么关联的话,那便是对同一个问题的探索,即不同的群体是如何通过声称掌握了现代语言来维护他们自身的利益。

现代性为这种多元化付出了一定的代价。如果现代性已经广泛到能以多重形式存在于历史的任一时刻的任何角落,那么就很难界定这个术语还是否适用于学术分析了。的确,历史学家已经发现,在16—17世纪之间,全球的各个角落都出现了现代性过剩的局面!难怪我们都为这一现状感到困惑,有些人甚至已经在呼吁不要将现代性作为一个范畴纳入学术分析和描述。很显然,最近在《美国历史评论》(American Historical Review)上名为"历史学家与现代性问题"的论坛也没能挽回这个术语在学界的声誉。[13]然而,不论历史学家多希望摆脱这个麻烦的范畴,我们都离不开它。毕竟我们还是要探索时代的变革,我们的研究路径还是得从个别到普遍。将现代性纳入思考使得我们可以注意到历史变革的早期阶段,现代生活的许多方面在那时就已埋下了种子,尽管两者完全不同。我们需要理解古代、中世纪以及近代世界的相异性,需要认识到,这些时代都代表着独特的历史经验,它们未必会影响后世的发展。现代性,作为一个意义广泛且终究会被简化的分析术语,也能帮助我们解释许多国家共有的那些历史变革的模式。在研究时,我们并不需要将这些多国共有的历史进程简单理解为一种普遍的目标。我们不应回归一种过于简单的观点，即将现代性视作从西方向非西方的扩散。真正的目标应该不仅是去证明不同国家历史进程的相似点或共性，且要揭示他们是如何在不同时空中以不同的方式经历了这些过程。

现代化理论是建立在能触发和解释历史发展道路的单一起源或缘由之上的。因此资本主义成了欧洲宗教改革的产物，它创造了一种新型的个体，这种个体成长于一夫一妻制的核心家庭，并在努力工作中寻求救赎。[14] 近年，自18世纪以来欧洲和中国之间巨大的经济差异被解释为是由地理因素造成的——那些工业化的地区附近恰好有丰富且易开采的矿藏。[15] 在历史上，正如在生活中，这种黄金弹丸*并不能作为解释或是解决方法，因为我们置身于多重变化过程之中，它们汇集、碰撞、结合，形成了惊人且反常的结构。因此，我用现代性的概念来解释现代状况，而不是试图寻找现代化的起因。比起社会为何会变得现代，我对它们是如何变得现代更感兴趣。因此，本书的目的即邀请读者来共享笔者对"成为现代的意义"和"我们到达现代的方法"的独到见解。

那么英国是如何成为现代国家的呢？[16] 对于这个问题我有三个答案，由此搭建起全书的结构。首先，我旨在揭示英国的持续性发展和人口不断增长的流动性，包括其不断扩张的帝国领土，创造了

---

* 指前述的矿藏。

一个新的陌生人社会。其次，我认为对于社会、经济和政治生活的组织形式，这种发展开启了一系列新的挑战，在此之前，它们主要（即便不是仅仅）依赖于本地和个人关系。日趋抽象且官僚化的体制被用于解决支配（通常是远距离外的）陌生人、与之交易或共同生活的问题。然而，最后，这个抽象化的过程在本质上却是辩证的。正如我们一直以来都知道，创造新的传统是现代性经验不可分割的一部分，抽象和疏离的新体制也使人民重新将社会、经济和政治生活与地方及个人关系结合在一起。

我不是说英国人是第一个与陌生人共居或交易的群体。根据齐美尔的论述，"陌生人"的形象长久以来都扮演着三个重要角色：他们促进"超地方"贸易（extra-local trade）；他们会提供有关自己途经或移入的社会的客观评价；他们助长了更多抽象社会关系的形成。[17]尽管齐美尔是以近代欧洲为例的，他很可能也追溯了古罗马的群体城市生活经验，甚至可能研究了更边远的地区，如印度洋的跨洲贸易网络或中国明代、蒙古以及奥斯曼的近代帝国体系。不过我不认为"陌生人"是独特的、超越历史的形象，也不认为他打破了时间与空间的界限。相反，我认为，人口迅速且持续增长，其在现代世界跨越更远距离的流动能力也不断增加，一个陌生人社会是由此建立起来的。正如亚当·斯密（Adam Smith）主张的，英国人可能是首个居住于"陌生人社会"的群体。他们不仅与陌生人共居，他们更是在陌生人之中居住，这就概括了在齐美尔的论述中陌生人带来的困境，也为社会、经济和政治生活的实践带来了新的挑战。

快速的人口增长通常发生在几十年内，此现象在近代亚欧并不陌生。然而这种增长趋势常常被传染病、饥荒、战争和自然灾害所抑制，甚至反转。马尔萨斯（Thomas Malthus）在其 1798 年首次出版的《人口原理》（*An Essay on the Principle of Population*）中就已道出了这个规律。前现代人口的周期性变化规则意味着，总的来说，在 1750 年以前，全球没有哪个大洲人口的年均复合增长率超过 0.08%。不过，在马尔萨斯写这本书的当下，英国打破了这个规律，其人口以人们无法想象的规模持续快速增长，在 1811 年之后的十年里，其年均增长率达到了 1.6% 的峰值（如仅看英格兰与威尔士，则为 1.8%）。不过我们不应因为这个峰值而忽略了这个国家长久且持续的人口增长趋势：18 世纪 80 年代到 19 世纪 40 年代之间，英国的年均人口增长率从未跌破过 1%，之后仅仅因为爱尔兰的饥荒而降至 1% 以下。1780—1900 年间，英格兰和威尔士的增长率始终保持在 1%。英国人口在 19 世纪非常有效地翻了一番，到 20 世纪来临之时，其人口已经是其 18 世纪中叶时人口的 4 倍了。

英国的人口不仅首度跳脱出了"马尔萨斯陷阱"（Malthusian trap），且其增长既迅速又持续。其增长率比其他所有欧洲国家都高。1800—1913 年间，英国人的数量增加了 3 倍，俄罗斯人口增加了 2 倍，意大利和西班牙人口翻了一番，而法国人口只增加了 50%。尽管在 1800 年，法国人口已近乎英国人口的 2 倍，但到 1900 年其数量就被英国人赶超了。[18] 英国面积仅为欧洲大陆的 5.7%，然而英国人口在欧洲总人口（其自身也在以史无前例的速率增长）中的占比已从 1680 年的 7.6% 上升至了 1900 年的 15.1%。[19] 英国人口的飙升不亚于其潜在的最大对手中国和美国（见图 1）。关于中国的可靠数据比较少，不过中国一直是一个典型的近代模板，尤其在 1851 年以后。它的人口在 19 世纪晚期实现了稳定增长，此前始终上下浮动。只有美国的人口增长得更快，19 世纪 60 年代以前其年均增长速率都超过 3%，尽管在 20 世纪的第一个十年里跌至了 2.2%。而其总人口，按记载，从 1790 年的 390 万增至 1850 年的 2330 万，到 1910 年为止达到 9240 万。这样人口飙升的一部分原因是奴隶买卖和移民。尽管在 19 世纪晚期，迅速且持续的人口增长经验被许多社会复制，但仍有很多社会直到 20 世纪才经历这种增长。因此，世界人口的年均增长率在 1750—1950 年间为 0.59%，虽然这个数字已然不同寻常，但在 1950 年后，增长率达到了一个更为惊人的数字：1.75%。[20]

英国成为一个陌生人社会的原因不仅仅是其迅速且持续的人口增长，还取决于其不断城市化的形态。1871 年，英国成为世界首个"城市主导型社会"（predominantly urban society）。[21] 人类历史上再没有其他社会经历过这种规模的城市化。法国和美国（俄罗斯和日本也一样）到 20 世纪中期才达到 50% 的城市化，而中国要到 20 世纪晚期才完成这个目标（见图 2）。英国各个城市的规模，尤其是伦敦，在其成型初期就远远超过了其他国家的城市：1880 年，按地理面积计算，伦敦已经成为全世界最大的城市（其面积是当时的巴黎、纽约、东京、北京和墨西哥城的总和)。此后,世界各地的其他城市开始奋起直追,快速发展。1750年,全世界仅有3个城市拥有超过50万的居民,且皆为欧洲城市(伦敦、巴黎、君士坦丁堡[1830年更名为伊斯坦布尔])。1900年,全世界已有11个城市拥有双倍于此的规模——其中有6个欧洲城市(柏林、君士坦

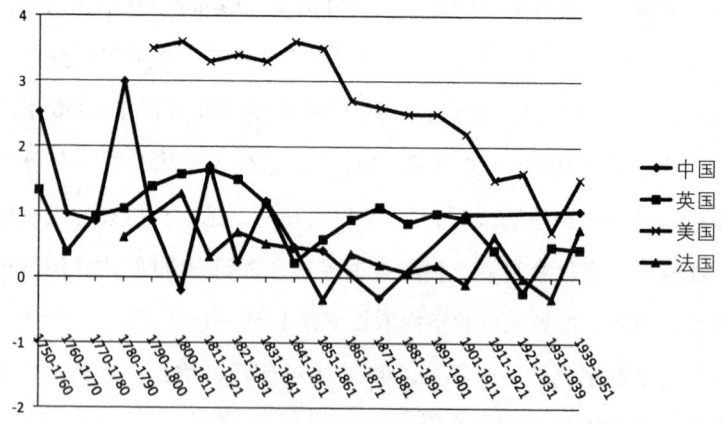

图1 人口增长率比较图

数据来源:陈正祥,《中国的人口增长与城市化,1953—1970》("Population Growth and Urbanization in China, 1953-1970"),《地理评论》(Geographical Review), 63, 1 (1973.1), 55—72; John D. Durand,《中国人口数据, 2—1953》("The Population Statistics of China, A. D. 2-1953"),《人口研究》(Population Studies), 13, 3 (1960.3), 209—256; B. R. Mitchell,《英国历史数据》(British Historical Statistics, Cambridge: Cambridge University Press, 1988);同前,《国际历史数据:欧洲,1750—2005》(International Historical Statistics: Europe, 1750–2005, New York: Palgrave Macmillan, 2007);美国人口调查部(U. S. Department of the Census),《美国历史数据,从殖民时代到1957》(Historical Statistics of the United States, Colonial Times to 1957)。统计摘要补充。

丁堡、圣彼得堡、伦敦、巴黎、维也纳），3个北美城市（纽约、芝加哥和费城），2个亚洲城市（东京、加尔各答）。一个世纪过后则有 28 个亚洲城市，11 个北美城市，4 个南美城市和 3 个欧洲城市拥有超过 4 百万人口（即 19 世纪 70 年代伦敦的规模）。[22] 到 1900 年，全世界人口仅有 13% 实现了城市化，这个数字在 1950 年提升到了 29%，在 2005 年达到了 50%（即英国在一个半世纪前就达到的程度）。[23]

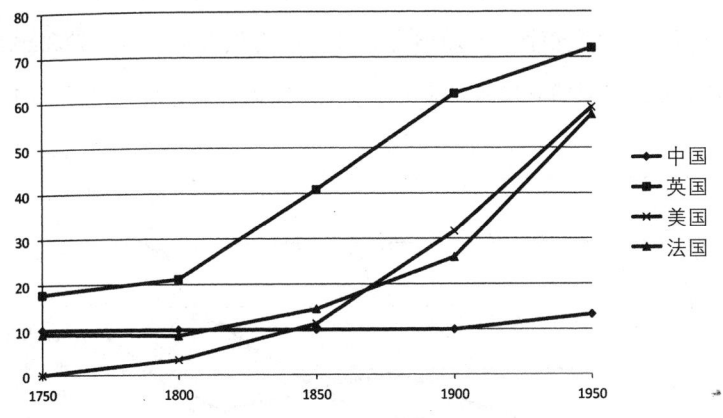

图 2　城市人口百分比比较图

数据来源：陈正祥，《中国的人口增长与城市化，1953—1970》; Jan de Vries,《欧洲的城市化》(*European Urbanization*, Cambridge, MA: Harvard University Press, 1984); Bernard Lepetit,《居住模式》("Patterns of Settlement"), 选自 Akira Hayami, Jan de Vries, and Ad van der Woude 主编的《历史上的城市化：动态交互的过程》(*Urbanization in History: A Process of Dynamic Interactions*, Oxford: Clarendon Press, 1990); B. R. Mitchell,《英国历史数据》; 同前,《国际历史数据：欧洲, 1750—2005》; 美国人口调查部,《美国历史数据, 从殖民时代到 1957 年》。统计摘要补充。

由于不列颠群岛的地理面积相对较小，不断扩大的人口规模和人口在城市的集中度使其拥有了史无前例的人口密度，这种趋势在英格兰和威尔士尤为明显。尽管人口迅速膨胀，但英格兰和威尔士的总人口密度在 1800 年才和法国不相上下，而中国的人口密度则在 19 世纪 40 年代之前就已远远超过英国了。直到 19 世纪后半叶，英格兰和威尔士的人口密度才最为明显。虽然中国和美国（及俄罗斯）后来拥有了比英国更庞大的人口，但这三个国家广袤的国土使其人口更为分散。根据《英国自治领年鉴》(The British Dominions Yearbook)的统计，到 1918 年为止，唯有埃及尼罗河河谷和比利时每立方英里的人口数比英格兰和威尔士大。尽管爪哇和荷兰的人

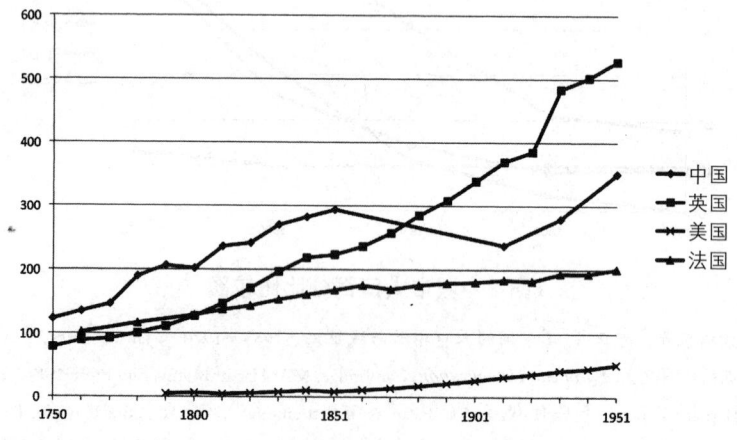

图 3　人口密度比较图（每立方英里人口数）

数据来源：John D. Durand,《中国人口数据，2—1953》；B. R. Mitchell,《英国历史数据》；同前,《国际历史数据：欧洲，1750—2005》, 4。

口也很稠密,但拥有第二大人口密度的国家是日本。日本每立方英里人口数为324,而英格兰和威尔士为592。[24]

使英国成为陌生人社会的最后一个因素是其人口在远距离上不断增加的流动性。起初,我们发现,城市化首先是较短距离内移民的产物,人们通常从农村迁移至邻近城市。然而,在18世纪中期到19世纪中期之间,一场交通运输的革命为英国人带来了大大改良的道路系统、铁路网络及汽船,使得这种人口流动的范围和规模迅速扩大。交通革命不仅大大促进了人的移动,也促进了国内外货物的流通。1873年,儒勒·凡尔纳(Jule Verne)笔下的人物斐利亚·福克(Phileas Fogg)*认为新的铁轨路线、航线网络和汽船使"80天环游地球"成为可能。难怪约翰·西利(John Seeley)在其所著的帝国主义历史《英格兰的扩张》(*Expansion of England*,1883)中称:"在现代世界中,距离已经失去了它的影响。"[25]尽管向国外移民在欧洲是一个普遍现象,但在1815—1930年间,离开英国的移民比欧洲其他国家都要多,占全欧移民人数的36%。他们之中的许多人前往了加拿大、澳大利亚、新西兰和南非的所谓的"白人殖民地",但到1919年,英帝国已横跨世界版图的1/4,其人口近全球人口数的1/3,在1300万平方英里的土地上大约有4.58亿人。美国也仍然是受英帝国影响的一部分,整个19世纪,美国不断吸引着英国移民中的绝大部分。来自英国的移民创造了讲英语的盎格

---

* 儒勒·凡尔纳长篇小说《八十天环游地球》中的人物。

鲁世界,这一片地区的人口"在1790—1930年间增长了超过15倍,从约1200万增长到约2亿——远高于印度、中国、俄罗斯和拉美的人口增长率"。[26]

那么,我们就有足够的证据证明,人口迅速且持续的增长,及其在长距离内更强的移动能力使英国首先体验了现代的全新社会境况,即在陌生人社会中的居住体验。虽然抽象化的新体制被用于重新想象和重新组织地方和个人关系以外的政治、经济和社会生活,但这对英国来说既不新鲜,也不独特。东方的各种启蒙运动早已预见了这些新体制。尤其是某些启蒙运动,它们引导中华帝国体系进入政府管理阶段,并在启蒙欧洲进一步发展,其后被美利坚和法兰西的革命性民族国家加以利用,用于建立政府和立法的新体系。[27]尽管1688年的革命*以及1707年与苏格兰签订的《联合法案》(the Act of Union)之后,在英国诞生了新的民族国家,然而使"抽象化"这项新技术的应用格外紧要且有效的,是英国人口日益增长的规模和流动性,及其帝国主义政体的不断扩张。

社交活动的新法则以及更细致的社会分类渐渐成型,以便于彼此陌生的人们在大街、车厢或婚礼等场合能正确地估量和应付对方。在这个全新的陌生人社会中,权力和权威不再仅由那些因仪式

---

* 指"光荣革命",1688年英国资产阶级和新贵族发动的推翻詹姆斯二世的统治、防止天主教复辟的非暴力政变。这场革命没有流血,因此历史学家称其为"光荣革命"。君主立宪制政体起源于这场革命。

和任职而成为显要人物的个体所掌握,相反,我们会注意到,在英国不断扩张的帝国中,权力和权威逐渐移交给了抽象且匿名的官僚主义机构,这些机构分布在广阔的地域内,其职能和享有的权力却是互通的。文明社会也在国家权力的现代形态的镜像中发生转变,它试图去争取、容纳这些现代形态。那些投身政治运动的人建立了许多组织,使英国本土和帝国国土上的人们都能想象,自己与远方的陌生人有着共同的利益和平等的权利。类似地,长久以来依赖于地方网络和个人信用关系的经济交易也逐渐被重构,开始围绕抽象的、规范化的全新交易体系展开。

这个抽象化的过程无疑是渐进的、不平均的,但它也是辩证的。这即是说,这个过程还导致了一种逆发展,它使社会、政治和经济关系开始重新植入(reembed)地方及个人网络。接下来我们会看到,在以上每一个领域中,陌生人社会都引起了一系列不同的问题。为了解决这些问题,抽象化的不同体制应运而生,同时它们也带来了全新的挑战,这些挑战之后又激发了对抽象体制的"再植入"。整个过程强调,在使现代世界得以重组及维持的全新体系和实践中,建立起信任是十分重要的。举一些显而易见的例子:国家权力由全新的集权、官僚主义机构所掌握,但这些机构也赞成重新任命地方行政区为政府的基本部门;个人领袖式的领导者往往能在官僚主义政府组织中平步青云;在工厂的生产系统下容易产生极其个人化、父系式的管理风格。史学家常常将这些现象误认为是传统遗留的结果——要么是人们对旧制度的固执坚守,要么是一系列用于抵制现代的准则和实践——他们从未将这些现象看作对新的抽象体制的本土化和个人化尝试。[28] 抽象化和"再植入"的辩证法并不是简单的变化与连续、转换与抵制；此二者是同时发生且相互缔造的。

即便是一本大部头的书，也难以全面地、综合地描摹陌生人社会及其引发的抽象化和"再植入"的辩证关系是如何将英国变成现代国家的。因此，本书试图通过个案研究揭示社会、经济和政治领域被重构和再定义的过程。这样做有助于阐释一种对社会、经济和政治组织体制的全新的概念上的认识，这三个概念不仅是独立的领域，更是相关联的体系，它们拥有各自的规律和组织形式，这些组织形式都需要标准化的法则和操作。的确，人们对这些领域及其体制的认识变得如此具体化，以至于这些领域都被赋予了属于其自身的解释性逻辑——因此人们会发现历史本身也正受到经济、社会和政治准则的牵引。本书之后每一章都会探讨经济、政治和社会生活的重建，这些重建通常被我们认为是现代性的原因（causes），但本书将之陌生化为现代性的后果（effects）。*

如果这就是英国成为现代国家的过程，那么它发生于何时、何地？本书的一个关键性论点是：英国会在18世纪步入现代，并非是1688年光荣革命、工业革命或启蒙运动导致的。诚如我们所见，

---

* "陌生化"，文学理论概念，最早由俄国形式主义批评家什克洛夫斯基提出。该理论强调在内容与形式上违反人们习见的常情、常理、常事，同时在艺术上超越常境。

近代的先驱们已经预料到陌生人社会的诞生，以及社会、经济和政治关系的抽象化发展，但他们在完全不同的维度上做着努力，且鲜有人坚持下来。我的论点未曾试图，也不需要讽刺近代社会——一个植根于地方和个人人脉的熟人社会。的确，我常常会带领读者回到 17 世纪晚期和 18 世纪早期，以追溯那些引导英国步入现代的变革。尽管如此，我仍然强调——虽然一些读者会觉得冰冷的数据无趣——通过定性和定量的评估，19 世纪（更确切地说是 1830—1880 间的几十年）是英国大转型的决定性时期。[29] 不乏像弗吉尼亚·伍尔夫（Virginia Wolfe）这样的人，会过于自负地去指认某一个特定的时刻，比如，在伍尔夫，世界发生断裂并重新诞生的时刻就是"1910 年 12 月左右"（on or about December 1910）*。史家则倾向于用各种革命的时间点——比如无处不在的 1789 年**——来确定早期和晚期现代时期的分界，但大部分历史学家发现了，即便是这些极具戏剧性的历史事件，也不过是漫长变化过程中的一部分罢了。显然，英国绝不是在短暂的十年内就成为现代国家的，更别说一年，甚或一个月。大转型的规模和本质在 19 世纪 30 年代就初露头角，但直到 19 世纪 80 年代甚至 20 世纪，社会、政治和经济组织的新模式才被接受、归化。

---

* 1924 年，正值现代主义文学的鼎盛时期，弗吉尼亚·伍尔夫试图诠释"现代"小说之新。她写道，由于所有小说都试图揭示人之性格，现代小说不得不另辟蹊径，因为"在 1910 年 12 月左右，人之性格发生改变了"。

** 1789 年 7 月，法国大革命爆发，攻占巴士底狱。

第一章　什么是现代性？　　031

在大转型中有一些很重要的因素,但它们不一定是英帝国的必要组成部分,我希望在接下去的几页里,这些因素的重要性会不证自明。很显然,我不认为你需要一个帝国来助你步入现代。英国国内剧烈且持续的人口增长并不是其帝国主义扩张的产物。尽管如此,从英国向其殖民地输出的移民流很大程度上增加了其人口的流动性,而巨大的人口数目和广袤的帝国疆土也引发了新的问题,比如如何治理远方的陌生人,以及如何与其交易。然而,纵使"治理远方陌生人"的问题确实可被当作一个初级阶段,引出了之后权威新形式的抽象化和"再植入",帝国也没有使英国变得现代。尽管这些问题有时会从殖民地流向英国本土,但这绝不是一条单行道,而是有进也有出的。

最后,相比英国是否是第一个现代社会,我更感兴趣的问题是,这种对现代性的理解是否是通用的?这种理解是否能在适用于其他社会的同时,不再次经历那些立论于启蒙运动、工业化或革命的现代化理论的困境?在更广的意义上,我的论点是:如果现代性作为分析范畴想要有任何用处,它必定只能存在于特殊的境况之中——一个共通的历史进程——尽管这个境况中既有相异的轨迹,也有相交的蹊径。现代性不是义无反顾流向大海的河水,而是一条车来车往的公路,没有人知道每辆车从何而来,又去向何方。

第二章

陌生人社会

亚当·斯密在其 1759 年出版的著作《道德情操论》(*Theory of Moral Sentiments*)中提出，由于在逐渐成型的商业社会中陌生人之间的交易越来越多，整体人口的道德性会因此提升。这是因为我们在亲朋好友或熟人面前，往往比在陌生人面前更容易做出不端行为。斯密认为，旧世界是围绕亲密的地方及个人关系而构建的，陌生人在与彼此的交往中会发展出律例、约束和道德规范，这些是旧世界的熟人社会无法提供的。斯密承认，商业社会日益增强的流动性和复杂性会蚕食个体之间、社群之中的情感纽带。他希望个人利益（使一种希望他人对自己的看法与自我认识一致的欲望）会成为道德责难的主要对象。斯密在 1759 年想象出的这个新兴的商业陌生人社会只是个例外，而非常态，它仅存在于数量有限的地域和形式有限的交易之内。关于这点，他在二十年后出版的《国富论》(*The*

Wealth of Nations）中已努力做了阐述。

19世纪末，社会学的创立者们——涂尔干、齐美尔、滕尼斯和韦伯——都认为，在一个陌生人社会中生活是现代境况的决定性特征。他们从不同的角度进行论述，却不约而同地将相似的社会分裂和分异的过程与现代性联系在了一起，这些过程都提升了社会的复杂性。他们指出，个人主义、流动性和城市化的兴起创造了一个以匿名和失序为特征的现代陌生人社会。尽管在这些为现代的社会境况立论的理论家中没有一个是英国人，但在本章中，我们就要来证明，关于"18世纪中叶，英国国内逐渐形成了一个全新的陌生人社会"这个观点，斯密是正确的。不过我的论述不会指向商业关系的新类型或工业化的进程，我认为是快速且持续的人口增长、人口（在更广范围内）不断增加的流动性以及城市形式在19世纪中叶创造了这样一个陌生人社会。尽管欧陆学派的社会科学家们直到19世纪晚期才将这种社会境况的本质理论化，但他们的英国前辈几十年来都一直致力于探索这种社会境况所引起的无数新问题，并试图将"陌生人"纳入已知的社会类型。

大转型

大师托马斯·马尔萨斯的理论保证道，英国快速且持续的人口增长是其成为第一个现代社会的主因之一。18世纪晚期和19世纪早期，马尔萨斯在其著作中构建的一条"人口原理"使人类历史上所有的社会都陷入困境：人口增长总会超过食物供给，并受到贫穷、疾病和饥荒的抑制。然而，在马尔萨斯去世（1834年）后的几十年中，英国显然已经成功脱出了所谓的"马尔萨斯陷阱"。这个国家实现了稳定的人口增长，其人口数目在19世纪前半叶整整翻了一番，且始终没有停止增加。

17世纪，英格兰和威尔士人口数的起伏非常符合马尔萨斯的理论模型，它在1656年达到560万的峰值，又在1686年回落到490万。但一切都在下一个世纪发生了改变。18世纪，即便不算上苏格兰（1707年）和爱尔兰（1801年）*并入后的人口，英国的人口数仍呈急剧上升趋势，到该世纪中期时已翻了一番（见表1）。如果马尔萨斯注意到了18世纪末这种异常的增长率，他一定会被

表1 英国人口数（百万）

	英格兰和威尔士	苏格兰	爱尔兰	总数
1701	5.47			5.47
1751	6.47	1.27	3.12	10.9
1801	8.89	1.6	5.1	15.6
1851	17.93	2.89	6.55	27.4
1901	32.53	4.47	4.46	41.5
1951	43.76	5.09		48.9

数据来源：B. R. Mitchell,《英国历史数据》。

---

* 苏格兰于1707年才正式与英格兰合并，爱尔兰则于1801年被英国正式兼并。

第二章 陌生人社会 | 037

这个新成立的联合王国在1801—1851年间不断递增的人口数目所震惊——从1560万飙升至2740万,几乎增长了一倍(尽管期间爱尔兰曾出现饥荒,使其人口在1841年之后急剧减少了160万)。19世纪后半叶,这个增长的速度也并未放慢,及至1901年,英国人口已到达4150万。在短短一个半世纪中,英国的人口增长了3倍。

这是如何发生的?又为什么会首先发生于英国?这两个问题两个世纪以来始终吸引着史学家和人口学家的注意。当下的主流理论跟从了剑桥人口史小组(Cambridge's Population History Group)的看法,即认为这绝不是因为公共健康和流行病学的发展。因为在这一个半世纪中,英国人的死亡率下降缓慢(1686—1871年间,英国人平均寿命从31.8岁增长至41.3岁,之后迅速提升,在1950年达到69.2岁),总生育率(即一个妇女会生育的女儿数量)在1688—1871年间仅仅从2.17人增长到了2.54人。相反,重新研究了马尔萨斯晚期的理论后,剑桥的历史人口学家提出,家庭会严格根据其收入水平来调整自身的规模:因此,在1700—1850年间,妇女的平均婚龄从25岁降至22岁,而1771—1831年间,平均每个家庭养育的儿童数量从5.7人上升至6.2人。不过,对育儿成本和收益的计算是否与收入水平有紧密联系,这点仍有待考证。从关于英国人的生活水平是否在工业化阶段有所改善的讨论中我们可以得知,对收入的长期宏观调控往往会被忽视,这不仅是短期的经济动荡的结果,也由如下因素决定:地理、职业、性别以及不同地域中食住花销比例的不同。[1] 如果人口增减的依据仅仅是如此纯粹的经济性计算，那么我们就无法解释 19 世纪俄罗斯和法国的主要人口——郊区人口——的大幅增长或相对滞止。

英国经历了所谓的"低迷向"人口转型，且从 19 世纪晚期起其人口增长率开始下降，对此现象的解释为我们认识家庭对其自身规模的精密调控提供了更微妙的视角。由于义务教育的实行使儿童无法自行谋生，再者国家对育儿的管理增强，削减了父母的权威，而不断改善的公共健康又降低了婴儿死亡率，因此晚婚少子成了一种趋势。整个 19 世纪期间，已婚妇女平均生子数量大幅下降，从 6 人降至 2 人左右。事实证明，马尔萨斯关于"人口增长是不稳定的"之论述或许是错的，但有一点他无疑是对的：成功的人口管理的关键在于让文化战胜生理，以及让家庭通过禁欲和节育管理其自身的规模。由于文化在这个过程中扮演着重要角色，欧美整体上的迅速发展进程和稳定的状态掩盖了地域性特殊原因导致的微妙的国家变化。[2] 从这个角度出发，英国迅速且持续的人口增长的原因很可能是多元而非单一的，不单单受到收入水平或农业产量及公共健康的改善的影响，更与关于家庭、孩子的新兴文化概念密切相关。

不论是什么因素使英国打破了马尔萨斯陷阱的诅咒，都说明英国会成为一个相当"年轻"的国家。1851 年，24 岁以下的英国人占总人口数的 60%，到 1901 年，尽管英国人平均寿命有所提高，这个比例也仅仅下降至 50% 左右。这部分青年群体的流动性也不断提高。1851 年的人口普查显示，20—24 岁的人群中，67% 是城市移民，58%是农村移民。年轻不是人口流动性的唯一推动力，居住政策的宽松化也是一个十分重要的因素，尽管这个措施原本是为了通过仅在穷人的"老家"向他们提供救济来限制这些穷人的外移。在17世纪末，由于"定居"（settlement）的定义仅指涉那些租赁或拥有房产、缴纳税款且在某地供职或工作一年以上的人（妇女仅在婚后拥有相应权利），这些政策也渐渐更具限制性。只有得到自己教区官员的人品推荐信，人们才能自由地在不同行政区之间移动。尽管如此，据估计，在1660—1730年间，高达65%的英国人口曾为了工作或婚姻离开他们自己的行政区。这样的移动大多是地方化、季节性及周期性的，离开的人们大多数都会回到他们定居的行政区。1723—1795年间，肯特郡的绝大部分《济贫法》定居案例（poor law settlement cases）* 都发生在男人身上，他们的移动距离不到35英里**，尽管有证据显示其中1/7的人抵达了外郡。[3]

定居法律在1795年和1834年两次被削弱。新城市中心的影响力以及19世纪70年代起的农业衰落改变了这种传统的短距离、周期性移民。1851年，在20岁以上的伦敦居住者中，仅有一半的人生于伦敦；兰卡郡的居民中有1/3来自外郡，单是爱尔兰人的数量就占了该郡总人口数的10%。[4] 在其他工业化区域——苏格兰中部、南威尔士、西米德兰兹——1/4的居民都不是土生土长的。在像格

---

* 指决定哪些教区要向移民提供救济金的案例。

** 1英里约等于1.609344千米。——编者注

拉斯哥和曼彻斯特这样的工业化城市，超过一半的人口是外地出生的，伯明翰的"外地人"比例（41%）甚至比伦敦还高（38%）。[5]这种在更广范围内的内部移民趋势在19世纪下半叶持续着，且无疑在19世纪70年代之后经历了从乡村向城市的更大流动。到1911年为止，英格兰和威尔士总人口的36%居住在他们出生地以外的郡县。当然，传统的短距离移民依然存在。1851年，有2/3农区移民的移动距离小于15英里，因此，像德文郡这样偏远的郡县，其82%的人口都是土生土长的德文人，另有8%的人口是邻郡出生的。[6]

不论是长距离还是短距离，多数移民的方向都是城镇，在那里人们持续着短期居住的生活。19世纪40年代，在伦敦的威斯敏斯特和东圣乔治区的居民中，超过半数的家庭仅在那里生活了不到一年。类似地，19世纪时，利物浦人口中在同一个地址定居超过十年的不到20%，而40%的人在一年之内就会搬家——19世纪80年代，查尔斯·布斯（Charles Booth）＊针对贝思纳尔格林区（Bethnal Green）＊＊的研究也证实了这一数字。[7]虽然我们的证据还不是很充足，但似乎已经可以得出结论：直到19世纪末——直到公共住房和私有房产逐渐增多——英国人口的动向才渐渐稳定下来，开始定居在固定的地方。[8]

＊ 查尔斯·布斯（1840—1916），英国社会研究员、改革家。
＊＊ 威斯敏斯特、东圣乔治、贝思纳尔格林都是伦敦的行政区。

虽然英国人拥有全欧洲（亦即全世界）最早、最迅速、最广泛以及最持续的城市化经验，但其城市人口逐渐转向农村，使其农村人口数目在19世纪70年代以前都处于稳定状态。[9]整个18世纪，不断膨胀的人口在城乡分布比例上保持恒定，即大部分是农村人口。1800年以前英国人口中仅20%居住于城镇，这个数字从1700年起只上升了2%。600—700个人口数为500—1000不等的城镇，"散布在全国，如同乡村田野的大海上漂浮的小岛"。[10]尽管在18世纪经历了城市复兴和伦敦的发展，英国仍然是一个以农村为主的社会。然而在19世纪，这个国家又发生了巨大的转变。1801年，英国总人口数为1500万，其中80%属于农村人口。一个世纪后，英国人口——现已增加到4100万——中80%是城市人口。最剧烈的变化发生在19世纪最后二十五年中。1871年，英国人口（3150万）中50%仍为农村人口，但及至1911年，这个数字已经直降至25%（此时总人口数为4500万）——农村人口减少了750万（尤其是在苏格兰和威尔士）。当然，英国是从何时起以城市人口为主的，这还取决于你如何定义：如果城市化（urbanity）指每个城镇拥有2500个居民，那么这个时间点就是1851年；如果将这个标准提高到1万人，那么该转折点便是1871年；如果我们将标准定为5万人，那么1901年就是你要找的年份。[11]

不论用什么标准判断，城镇规模的飞速发展都是惊人的。伦敦就是其中的主力。早在1750年，伦敦人口就有67.5万，远远超过其他城市，到1801年，其人口数已达到100万；1841年，200万；

1861年，300万；1881年，470万；1901年，650万；1931年，820万。整个疯狂的扩张将英国各地的人们都吸引至一座城市，在此过程中伦敦的居民人数始终占英格兰和威尔士人口总数的15%。没有其他城市能与伦敦的规模相提并论，但其他城市也以更快的速度在拓展，几代人的时间内就纷纷拔地而起。到1931年为止，曼彻斯特已经是其1801年规模的10倍，其人口数从1801年的7.5万上升至1851年的33.9万，1901年增长至64.5万，1931年更是达到了76.6万。同样以10倍速度发展的城市还有伯明翰、利物浦、格拉斯哥、贝尔法斯特、卡迪夫、斯旺西、盖茨黑德、南希尔兹、索尔福德、谢菲尔德、哈德斯菲尔德、布莱克本、布拉德福德、斯托克、伍尔弗汉普顿、霍尔、莱切斯特、考文垂、德比和布莱顿。1811年，唯有伦敦拥有超过10万的人口，然而一个世纪过后，英国41个城市中任意一个城市人口数的35%就能超过10万。尽管在19世纪上半叶，涌入新城市中心的移民大多来自周边内陆和郡县，但其中也不乏来自全国各地的人们（见图4）。[12]

移民在规模上也带有帝国主义色彩。长久以来，英格兰对威尔士人和苏格兰人都有着很强的吸引力，后两者离开故土，进入英格兰寻找工作、服兵役或谋公职。但真正导致了首次向都市大规模殖民性移民的，是爱尔兰的灾难性饥荒。从爱尔兰本岛移民至英格兰的人口数在1841—1861年间几乎翻了一番，超过了80万。然而，尽管爱尔兰人口增长迅速，19世纪又有20万左右的东欧犹太移民进入英国，20世纪50年代以前以英国为目的地的移民在规模上仍然是微不足道的。大批人开始移出英国，涌向北美，1700年以前，约35万人移居北美,到了1800年，又有75万人加入了这支队伍（其中75%是非自愿移民，即罪犯和契约劳工）。1750—1939年间，约有1000万人移出英格兰和威尔士，250万人离开苏格兰。就在1914年之前的那个十年里，170万人离开了英国——比死于第一次世界大战的英国人还多一倍。[13]这些移民散布在英帝国、英国的白人殖民地以及广义上的"英国世界"——包括美国这个最受欢迎的目的地。

殖民地之间的移民活动也很可观，不过大多是被迫的。英帝国最先创建了薪资体系。白人殖民者为了生产在不断扩张的欧洲市场上售卖的棉花、糖、咖啡和可可，在北美和西印度发展了种植园经济体制，这种体制依赖于从非洲进口的奴隶劳工以及来自英国本土的非自由劳工（罪犯或契约工）。1750年以前，已有29.5万来自加勒比的奴隶和24.7万来自北美的奴隶——这是18世纪期间由英国船只运往美洲的300万奴隶中的一小部分，而这300万奴隶又仅是被运输交易的奴隶总数的一半。[14]1800年，90%的加勒比人口以及1/4的北美（英殖民地）人口都成了英帝国的奴隶。1807年英国对奴隶交易的废止，以及1837年帝国范围内的奴隶解放都无法阻止更多的奴隶（约300万）在19世纪期间被陆续从西非运往英国的殖民地。奴隶交易的废除和奴隶解放仅仅促进了新的契约劳工体系，这些劳工填补了奴隶遗留下的空缺，尤其是在种植园经济体制中的空缺。除了强迫亚非和澳洲的本土人口成为"苦力"(coolie)，在19世纪30年代到第一次世界大战期间，约有400万的印度人、

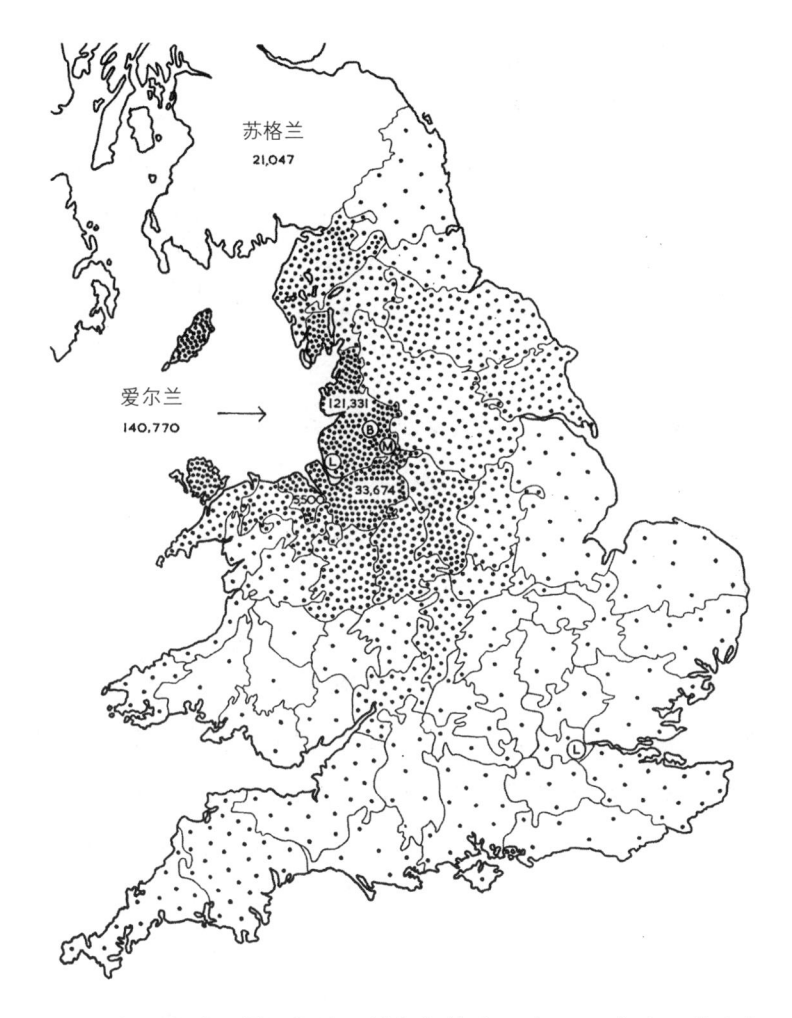

图 4　向利物浦、曼彻斯特、博尔顿的移民（1851 年人口普查）

数据来源：Arthur Redford,《英格兰的劳动力移民情况，1800—1850》(*Labour Migration in England, 1800—1850* [Manchester: Manchester University Press, 1926], app. E.）

中国人、马来人和僧伽罗人作为非自由劳工被运往世界各地。到1922年契约劳工制度被逐渐废除时，已有超过100万印度人散布在英帝国的各个角落——东南亚、东非和南非、加勒比地区以及太平洋诸岛。[15]

"缩水"世界中的陌生人

英国人在本土、帝国以及世界范围内的移动能力在很大程度上归功于交通运输的革命，这场革命以前所未有的方式瓦解了距离（以及跨越距离所需的时间）。18世纪起开始建造的运河和公路，以及19世纪里出现的铁路和汽船使英国人在更广范围内的流动性逐渐提高，因而也使他们更有可能邂逅陌生人并与之生活在一起。

道路状况最初得到改善是出于军事任务的需要。在1707年英格兰与苏格兰签订《联合法案》、1715年和1745年的詹姆斯二世党人叛乱之后，军事勘察员、工程师和士兵共同协作，铺路900英里，将苏格兰高地与低地上的防御要塞连接起来。随着18世纪50年代兴起的修建收费公路的热潮，勘察、切割筑堤以及铺路的技术在筑路过程中不断发展，这些公路向南延伸，最终与地方行政区维护的道路相通。1750—1772年间，英国设立的国家信托机构超过500个，修筑道路1.5万英里（见图5a和5b）。即便如此，在政府于1785年投资设立了自己的长途邮政车队之后，英国邮政总局（General PostOffice, GPO）仍然设置了一组调查员专门测量这个

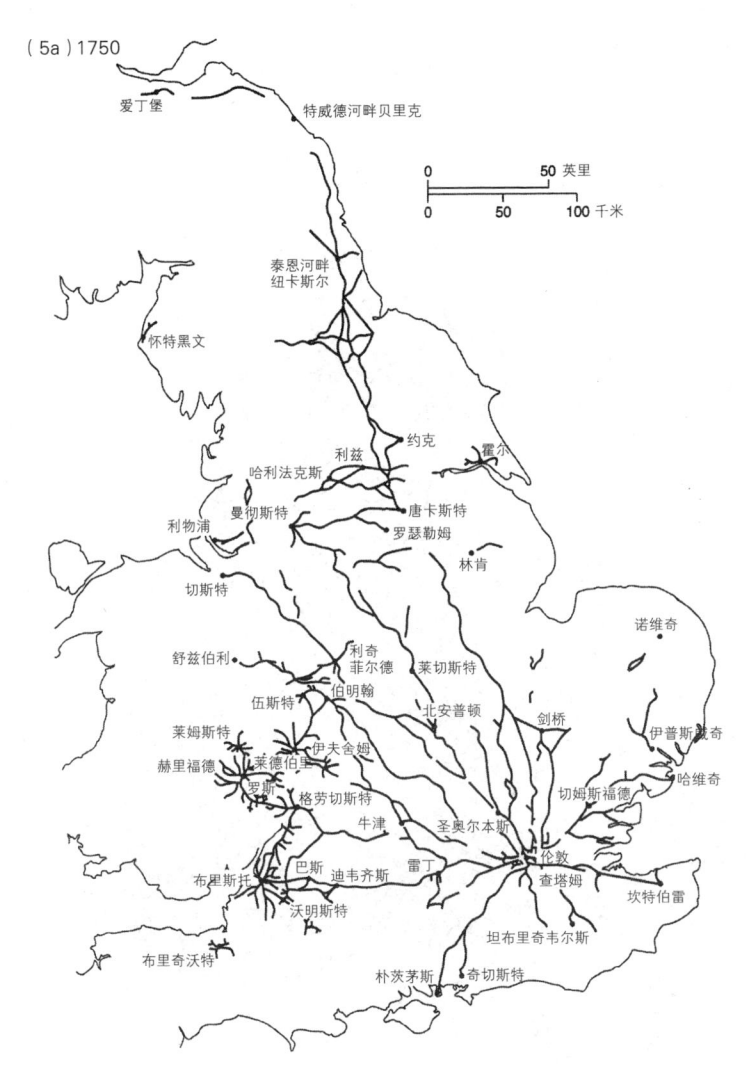

图 5a、5b 付费公路枢纽的发展（1750 年和 1770 年）

数据来源：Martin Daunton,《进步与贫穷：英国的经济和社会历史，1700—1850》(*Progress and Poverty: An Economic and Social History of Britain, 1700–1850* [Oxford: Oxford University Press, 1995]，300—303.) 两幅图都来自 E. Pawson,《交通与经济：18 世纪英国的收费公路》(*Transport and Economy: The Turnpike Roads of Eighteenth Century Britain* [London: Academic Press, 1977].)

第二章　陌生人社会　|　047

29 (5b) 1770

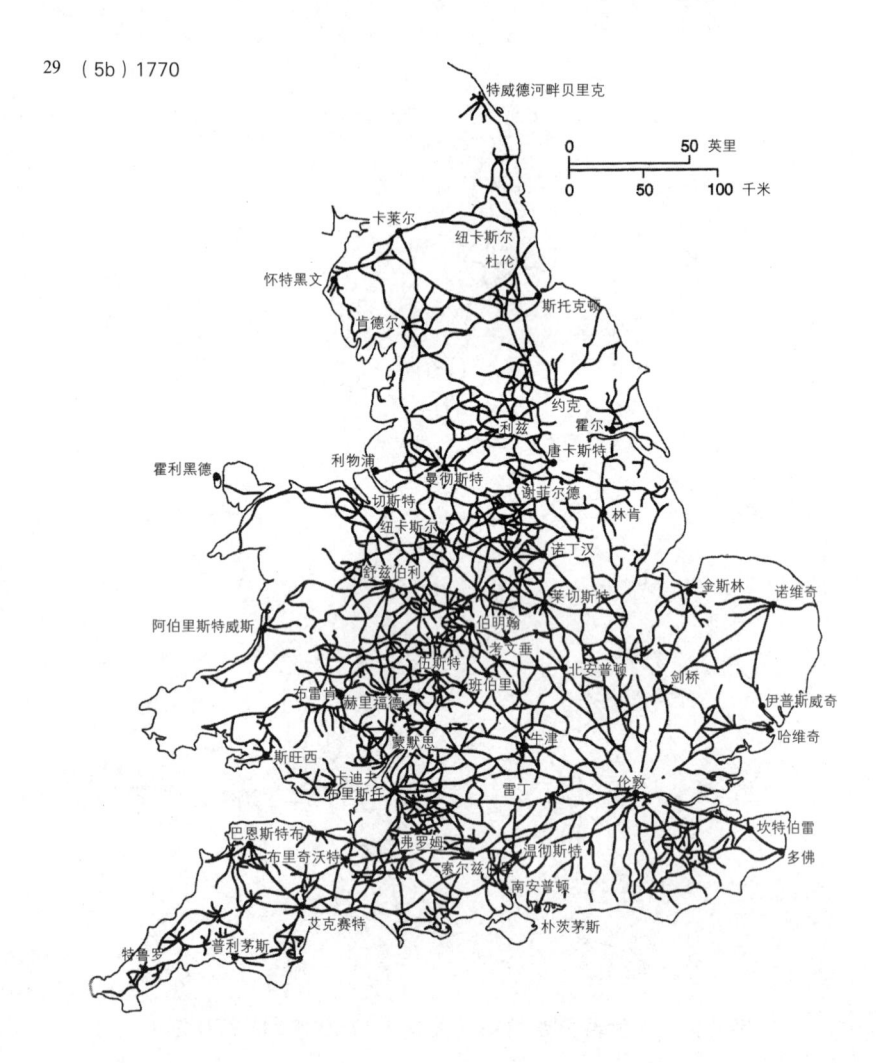

不断扩张的交通网络的距离范围，勘察糟糕的路面状况。在 1801 年英国与爱尔兰签订《联合法案》后，这个国家又一次迎来了军事任务，它促使两条由国家资助的卡车公路得到进一步的完善，延长了 1700 英里。这两条公路分别连接了英格兰与威尔士、威尔士与爱尔兰（途径霍利黑德）。而连接了伦敦和爱丁堡的大北路（the Great North Road）也因此得到了完善。1835 年《公路法》(Highways Act) 颁布后，总长 12 万英里的公路网络的其余部分——其中 98% 的道路由超过 1.7 万个行政区和公路信托机构维护——都必须根据中央标准采用碎石铺路法（"碎石铺路" [macadamize] 这个词源于发明这种铺路方法的工程师的名字"麦克亚当" [McAdam]），使用此法铺成的道路中间拱起，以助于排水，同时还打下了 10 英尺*深的石子地基。[16]

随着道路的完善，英国迅速"缩水"，过去分散、分离的人口聚集进了一个日趋紧凑的国家空间。1715 年，每周离开伦敦的马车（stagecoach）已有 800 辆，但不论到目的地的距离有多短，乘坐这些马车的旅行者所面对的，仍然是折磨人的漫长旅程。即便到了 18 世纪 60 年代，从伦敦出发驶向爱丁堡的马车每月仍然只有一班，且整个行程需要两周时间。一个世纪以后，一切都改变了。公路网络覆盖的广阔范围、改善了的路面状况、改良后的马车设计以及邮政总局对更快速的送信马车的采用，这些因素都大大缩短了旅

---

* 1 英尺约等于 0.3048 米。——编者注

第二章 陌生人社会 | 049

行的时间（见图6）。及至19世纪20年代，每周离开伦敦的马车数量已达到1500辆，另有700辆邮政马车和3300辆私人马车，它们构成了公路旅行的全国性网络，马车的旅行速度较18世纪50年代快了近3倍。

伴随着1830年"曼彻斯特—利物浦"铁路线的盛大启动，铁路的时代到来了，但它的出现并未终结公路上的马车旅行。首先，铁路延伸得很慢。1838年，英国仅有500英里的铁道，但19世纪40年代的投机热潮使得约翰·拉斯金（John Ruskin）所描绘的"横贯我们国家框架的全新钢铁脉络"在1850年以前已然就位，600英里的铁道贯穿了英国的主要城镇。一些地区——尤其是康沃尔、威尔士和苏格兰高地——要等到19世纪下半叶才进入迅速成熟的铁路网络。及至1914年，这个网络已经覆盖了2万英里的范围。（见图7）然而，仍有1/6的地区未设立火车站点，其中许多地方仍然依靠马车进行旅行——的确，在1901年从事商业载客的马匹相较于1851年多出了3倍。即使单个的公路—马车旅程数量在1835年达到了1000万的峰值，但铁路仍然迎来了一个快速大众运输的全新时代。早在1845年，就有3000万趟旅程在铁轨上完成，而铁路网络的发展和票价的降低更是使得这个数字在1870年前就上升到了3.3365亿。是年，持有三等票的乘客占总乘客数的1/3，而到了1890年，他们已经占到火车乘客总数的2/3。这不仅仅是因为更多人开始将火车作为长途旅行的常用交通工具，更是因为火车的行进速度是前所未有的。1845年，从伦敦到曼彻斯特的一趟旅程要花

(a) 1750（马车）

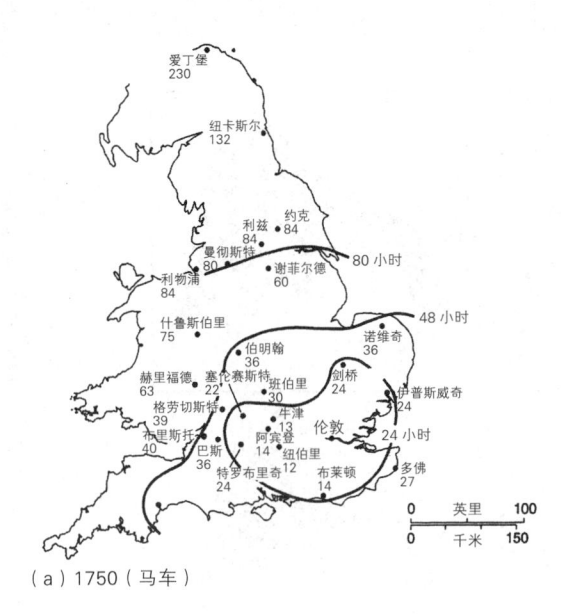

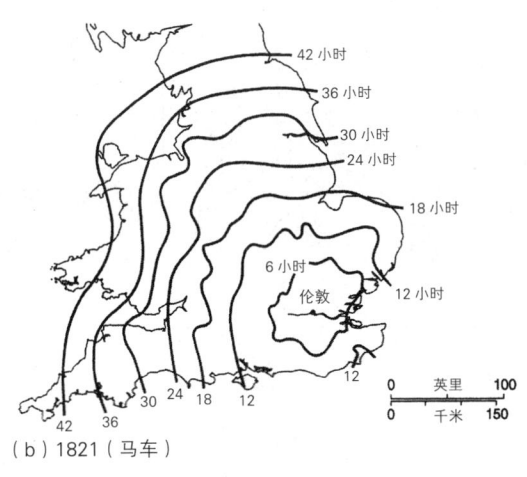

(b) 1821（马车）

图6　公路—马车旅行的速度增长（1750年和1821年）

数据来源：Martin Daunton,《进步与贫穷：英国的经济和社会历史，1700—1850》, 308。

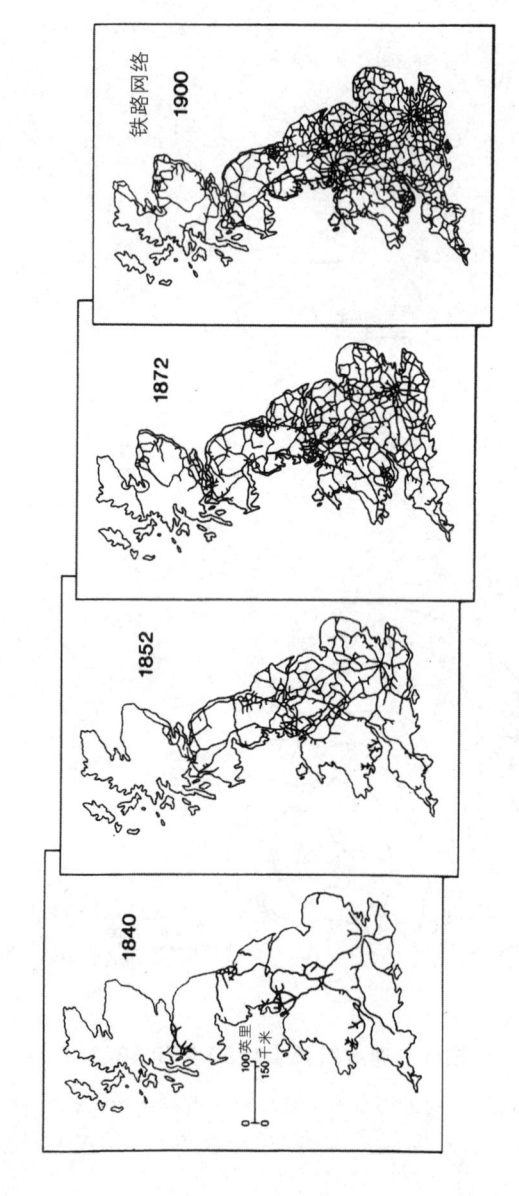

图 7 铁路网络的发展（1840—1900 年）

数据来源：Nigel Thrift,《交通和通讯, 1730—1914》("Transport and Communication, 1730–1914"), 选自 R. A. Dodgshon and R. A. Butlin 主编的《英格兰和威尔士的历史地理》(*An Historical Geography of England and Wales* [London: Academic Press, 1990], 462.)

费 6 小时，而到了 1910 年，乘火车从伦敦到爱丁堡仅需 10 小时，同样的旅程，一个半世纪前最快也要花上 10 天。距离被抹除了，但旅行的愈加高速也使其在想象上缩水了（见图 8）。尽管很明显，英国人在更大范围内的流动性更强了，但对于该现象对移民模式的影响，我们所知甚少。最显而易见的后果是人口开始定居在轨道沿线，而像米德尔斯布勒（Middlesbrough）这样的城市，则完全是因铁路而生的。在斯托克顿（Stockton）和达灵顿（Darlington）铁路延伸至米德尔斯布勒之后，这个城市的人口数从 1821 年的 40 人飙升至 1851 年的 7631 人。这些移民大多来自约克郡的周边郡县，但及至 1871 年，米德尔斯布勒已拥有 99 705 的人口数，其中来自约克郡的人数不足一半。[17]

铁路不仅改变了英国的时空经验，它还将帝国与本国的距离缩短了。当斐利亚·福克坐在伦敦的改良俱乐部（Reform Club）＊里，打着包票说自己可以在短短 23 天内就能到达加尔各答，仅需 80 天即可环游地球，那是因为印度铁路网络中洛塔（Rothal）与阿拉哈巴德（Allahabad）路段已于 1872 年开始运行。[18] 是殖民政府在印度开发了铁路，因为他们记住了印度总督达尔豪西（Dalhousie，1848—1856 年间任职）的话："要治理帝国的广袤疆域十分困难。"1857 年爆发的印度民族起义之后，仅 1858 年到 1859 年的一年间，政府就修建了比现有数量更多的铁道；及至 1865 年，整个

＊ 伦敦一家历史悠久的绅士俱乐部，成立于 1834 年。

34

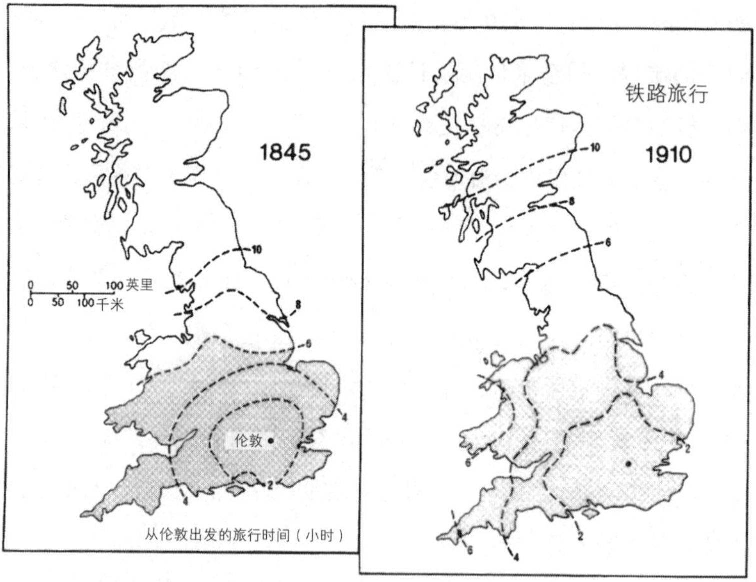

图 8　铁路旅行时间和距离（1845 年和 1910 年）

数据来源：Nigel Thrift，《交通和通讯，1730—1914》。

铁路网络已包含 3500 英里的轨道；到世纪之交，这个数字上升至 25100 英里；在 1930 年以前，印度已拥有 4.4 万英里的轨道，拥有世界第三大铁路系统。汽船和更好的航线也是福克计划的一个关键部分。18 世纪早期，从伦敦到加尔各答的海上旅行至少要花 5 到 8 个月的时间，具体取决于天气和风向。及至 19 世纪初期，改良后的船体设计和更完善的航行系统使得旅行时间减少了 2 个月，但东印度公司的官员们向伦敦发信后，仍需等上至少半年才能收到回复。

35

蒸汽动力的引进、对更轻且更耐用的钢制船体的运用、更精确的地图、更精湛的航行技术以及1869年苏伊士运河的开启，这一切都意味着福克对于在23天内抵达加尔各答的壮志虽然有些冒险，却是完全可行的。

以前所未有的速度做长距离旅行的经验意味着，不论是否为移民，英国人邂逅陌生人的概率都愈加增长了。尤其是公路和铁路，此二者成了打乱社会空间的新型交通形式。而社会空间则不得不受到全新的社交传统的引导。自18世纪中叶起，英国不断扩张的公路网络开始充斥着士兵、工匠、临时工、牧师以及锅匠、仆人、国家职员（收税人员、邮政人员）和激进的政治领袖。这些人却很少通过公路从甲地抵达乙地，他们是属于某个区域线路，比如卫理公会的牧师每个月都会在同一个线路中行走150—250英里，而收税人员的任务则是每天在乡村骑行38英里。此时的步行还未具有日后浪漫主义诗人，在《流浪法》（vagrancy laws）的严格控制以及19世纪40年代铁路旅行的到来之时，赋予步行的"理想型漫游"（peripatetic ideal）意义。和优美的田园经验完全不同，步行对体力要求极高，且通常很危险。在公路大盗迪克·特平（Dick Turpin）于1739年被送上绞刑架之后一个世纪里，他的形象已经从一个残暴的罪犯转变为一个潇洒又浪漫的人物，对这种现象，没有比"虚构性转型"更好的阐释了。这种对公路抢劫案的虚构性再刻画夸张了一直以来人们在面对公路上的危险及途中邂逅的陌生人时所产生的焦虑，类似的案例还有同一时期人们对杀人无数的印度图基教

（Thuggees）的描述。[19] 于是，最重要的问题成了如何得知谁是可以信赖的。18世纪下半叶，一些交易协会和友好的社团是首先开始发展区域性步行网络，欢迎并支持这些被称为"兄弟"和"朋友"之人的组织。

从这些在公路上步行的混乱人群中抽身之后，正直的中层阶级需要面对属于他们的难题，即在高大体面的新车站必然会遇见大批陌生人，而在马车或火车车厢内又会与陌生人发生新的近距离接触。马车旅行非常艰巨：行程漫长，往往不是太热就是太冷，停靠休息、伸展腿脚或解手的机会都很少。人们也很难与同行的乘客保持礼貌的距离，因为他们都被"打包"、闭锁在车厢内，行驶于颠簸的路上，彼此紧紧挨着，甚至相互交叠。很快，英国出现了一种"建议型文学"，它帮助、指导旅行者改进自己开展合宜对话的技能和自身的行为举止，比如寒暄的恰当尺度，以及避免不必要的眼神交流的重要性。一种典型的观点是："在这个世界上，没有哪个国家的旅行者在总人口中所占比例有我们国家这么大，因此我们尤其需要理解旅行的品行。"[20]

火车的情况略有不同。尽管1844年以前，三等座的乘客都像货物一样在敞开式的车厢中旅行，但一等座和二等座乘客的车厢都是以马车的U形座位为模型设计的。由于铁路行进的速度令许多想要看看窗外风景的乘客作呕，阅读这个在颠簸的马车车厢中不可能完成的活动成了避免与陌生人眼神交流，以及合理规避其他同行乘客的办法。图书和报纸摊位很快遍布了英国的火车站。19世纪

60年代期间,两起臭名昭著的火车谋杀案为老式车厢拉响了死亡的警钟——与凶残的陌生人共用一个独立的隔间开始被视为危险之事。在尝试于内厢隔间之间安装"猫眼"、于火车外部安装踏足板之后,火车车厢被重新设计,使各个隔间有边廊相连,每个隔间由滑门进入。这也使得乘客能够到处走动和使用洗手间。[21]自19世纪60年代起,新一代的城市旅行为体面的通勤城市阶级而发展起来,其中的交通工具包括伦敦的马拉迷你巴士、电车和地铁。伴随着更短的行程以及更随意的乘客"混搭",它们的车厢设计遵循了低等火车车厢更开放、流动的原则,这使旅行者常常不得不与陌生人紧挨着站。这些旅行的形式造成了属于它们自己的问题,比如如何应对横行扒手,如何避免不必要的交谈并维护私人空间,如何规避与陌生人及其携带细菌的肢体接触。[22]

理解陌生人社会

与陌生人日益频繁的邂逅都主要是发生在城市里以及城市的街道上。伦敦是典型的例子,也是最早的例子。从17世纪晚期开始,英国开始有这座城市的导览类书籍出版,如内德·沃德(Ned Ward)的《伦敦密探》(*The London Spy*, 1698—1700)或约翰·盖伊(John Gay)的诗集《琐事,或行走于伦敦街道的艺术》(*Trivia; or, The Art of Walking the Streets of London*, 1716)。不过,这类书的数量在一个世纪后才开始激增,那时城市黄页也开始多了起来。

《伦敦密探》成为经典作品，它开创了一种文类，其特点是，关于这座城市的娱乐、财富、秘密和危险的地方知识都是为了一样东西所准备的——沃德诗意地称之为"流动"。在街道上移动，会听见嘈杂的声音，闻到多种多样的气味，遇见无止境的人流，这就需要人们知道如何安全、体面地处事的方法。城市指南和礼仪手册提醒那些好奇的人，不要直勾勾地盯着陌生人或是在私家住宅外探头探脑，走路要靠左行，不要在人群中推搡。你必须学会如何成为陌生人人群的一部分。[23] 个体的肢体行为，如推搡、小便、吐痰，都会引来他人的不快。18世纪伦敦的咖啡厅和娱乐花园都是确定礼数规则和商业交际的臭名昭著的试验之地。1773年在沃克尔豪斯娱乐花园发生的著名的"通心粉斗殴事件"（Macaroni Array）就证明了这些礼节都是靠琐事和过失而慢慢建立起来的——该事件中的两位绅士就男女之间恰当的交往形式这一议题产生矛盾，最后以决斗告终。[24]

尽管如此，在19世纪早期，文人墨客还是有规律地对伦敦惊人的规模及其匿名性做出评论。他们常常会产生一种在庞杂人群中茫然若失的感受，因此他们使用"流质"的意向，如水流、激浪和河川来捕捉他们对这个城市的容量以及持续不断的流动的感受。华兹华斯在《序章》（"Prelude", 1804—1805）一诗中对自己在伦敦"流动的盛会"的描写常常被认为是文学史上对现代城市生活之脱序状态的第一个——也是典范式的——陈述。二十年后，黑兹利特（William Hazlitt）*也像华兹华斯一样，发现了居住在一个不知邻居姓甚名谁的城市的古怪之处，但他对此却没那么强烈的疏离感。[25]对托马斯·德·昆西（Thomas de Quincey）**而言，世上最孤独之事莫过于第一次与伦敦街道的邂逅。"他站在往来人流的中心，这些面孔穿梭不停，不与他交谈一词一句；无数双眼睛，瞳眸间却没有他能读懂的东西；男男女女匆忙的身影交织在一起，于陌生人而言却是谜一般的存在……"[26]由于在19世纪以前，街道上很少有指示牌或路名，房子也大多没有门牌号码，因此要穿行于伦敦意味着为了获得本地信息，你必须信任陌生人。渐渐地，指南——如W. G. 佩里（W. G. Perry）那本《伦敦指南和对抗诈骗、骗子和扒手的措施》(London Guide and Strangers' Safeguard against the Cheats, Swindlers, and Pickpockets that Abound ..., 1818)，标题已说明一切。这些指南读物提醒诸位读者对他们问路的对象保持警惕，因为他们很容易就会被无赖、骗子和伪装者盯上。相信陌生人是件危险之事。正如摩尔·弗兰德斯（Moll Flanders）***所发现的，扒手和妓女有时会扮成着装入时的淑女。G. W. 雷诺兹(G. W. M. Reynolds)****《伦敦悲

---

* 威廉·黑兹利特（1778—1830），英国作家、戏剧及文学批评家、社会评论家、哲学家，被认为是英语文学界最伟大的批评家和散文集，可与塞缪尔·约翰逊和乔治·奥威尔比肩。
** 托马斯·德·昆西（1785—1859），英国散文家，因其散文《一位英国鸦片吸食者的自白》而闻名。
*** 摩尔·弗兰德斯，英国小说家笛福于1721年创作的小说《摩尔·弗兰德斯》中的女主角。
**** G. W. 雷诺兹（1814—1879），英国作家、记者。

剧》(*Mysteries of London*)中的一位警察也嘲讽地说过:"如果把我们知道的所有伪装者抓起来,大概半个伦敦的人都要被收监。"[27] 及至19世纪晚期,甚至连城市督察员和警察都开始以"便衣"展开调查,更不必说那些为了亲历贫穷生活而伪装自己、驻扎进城市贫民窟的记者和慈善家了。在这样的环境下,你永远也无法确认一个陌生人的身份,遑论对其抱有信任,因而对欺诈、犯罪和性侵害的恐惧迅速蔓延开来。结伴寻欢的男人们是敲诈骗局的受害者,名誉扫地、身陷丑闻是对他们最好的威胁。在伦敦西区这个看似体面的、安全的地区购物的女人们,则吸引了一些男人不怀好意的目光——他们将她们误认为是妓女。城市期刊和建议性文学给出的忠告是,无伴的妇女如果要在白天出行,不要在商店橱窗或公交车站徘徊,也不要回应任何一个陌生男人的凝视或招呼,"目标坚定"的行走能避免遭到骚扰。[28]

由于伪装者无所不在,且无法准确地通过他们所在的位置或着装打扮辨认出,围绕城市人类型的分类及刻画的新式专业知识产生了。自19世纪40年代起,对在这个黑暗又危险的城市迷宫里的城市人种类和人格的表述充斥着不同档次的文学流派,甚至还有初期的社会科学。G. W. 雷诺兹作为"英格兰最受欢迎作家"的声誉在很大程度上就是缘于他的《伦敦悲剧》所获得的巨大成功,1844年,此书销量为4万本一周,令人瞠目结舌。在一系列影响力惊人的小品文中,雷诺兹将穷人与富人生活及陋习并置描写,如狄更斯的小说或之后柯南·道尔的"福尔摩斯系列",雷诺兹通过对人格细致入微的观察,对城市地域和人的社会类型进行了一次"考古工作"。当然,其中一些对于在纸上应付和探究陌生人社会的尝试——如礼仪书籍或城市指南——早在欧亚的近代印刷文化中就已见雏形,但仅仅是少量地、零散地出现。以上就是18世纪伦敦的例子。然而,印刷文化的盛行以及伦敦在19世纪前所未有的规模确保了,人们对将陌生人阅读和描绘为可知类型的努力会以可观的势头进行下去。这在视觉文化中尤为明显。世纪中期的同一时段,一些艺术家,如威廉·鲍威尔·费斯(William Powell Firth)、威廉·莫·埃格莱(William Maw Egley)和乔治·埃尔加·希克斯(George Elgar Hicks),都非常重视城市生活的"匿名"本质,尤其注意那些繁忙的社交场合,如邮政总局和帕丁顿火车站。埃格莱的画作《伦敦的巴士生活》(*Omnibus Life in London*, 1859)很好地代表了这个流派(见图9)。这幅画生动地描绘了一辆巴士,尽管已经拥挤不堪,但仍有更多的乘客想要上车。画面展示了各种不同类别的社会人,体现了现代生活不可避免的尴尬。观画者,和巴士的乘客一样,不仅会发现在陌生人面前交谈、注视他们是不礼貌的,而且还被鼓励去猜测这些聚集在如此窘迫、拥挤空间中的陌生人的人品性格。[29]

我们可以将19世纪后半叶逐渐出现的社会科学作品理解为一个人们试图通过识别不同种族和阶级、性格和地区的人群来解读陌生人社会的高潮。"游荡群伙"(wandering tribe)这个定义最早出现在 1849 年亨利·梅休（Henry Mayhew）*在《纪事晨报》(*Morning Chronicle*）上连载的文章中。这个群体构成了伦敦街道生活，梅休详细刻画了该"犯罪阶级"的着装、语言和面相，方便他人能够避开他们。他写道："他们都或多或少有着高颧骨和突出的下巴——这是由于他们使用的黑话、他们对财产的非分之想、他们普遍目光短浅的特质、他们对稳定工作的厌恶、他们对女性的不尊重、他们对残酷手段的热爱、他们好斗的品性以及他们对宗教的狂热。"从梅休的写作到 19 世纪 70 年代弗朗西斯·高尔顿（Francis Galton）对不同罪犯类型进行照片合成的实验之间，并没有太大的距离。[30] 在欧陆社会理论家尝试去想象将陌生人凝聚为一个社会的深层结构时，英国早期的社会科学家则将研究重点置于对差异的调查和描绘。

在 17—18 世纪，不同类型的社会描写和差异在阶层和次序、站位和级别、类型和阶级交织的网中不断繁衍。格雷戈里·金（Gregory King）**的"1688 年后人口研究"影响力巨大，它包含了一份详细的清单，罗列出超过 20 种群体，分别具有不同的"阶层、级别、头衔和素质"。金的分类——政治官职和素质，社会阶层和头衔，经济活动的混成——不算是精准的定义，但已有一个较为清晰的秩序，在其中，每个人各处其位、各司其职，组成了一个不可

---

* 亨利·梅休（1912—1887），英国社会研究员、记者、剧作家。

** 格雷戈里·金（1648—1712），英国宗谱学家、雕刻师、统计学家。

图 9 《伦敦的巴士生活》

图片来源：《伦敦新闻画报》(*Illustrated London News*, June 11, 1859.)

动摇的等级制度。[31] 到了19世纪初期，这种分类已经没什么意义了。不仅仅因为维持和描述这样一个差异微小的精密等级制度在一个陌生人社会中很难做到，更是由于社会描述这项高强度的工作创造了对社会的一种新理解：它是个自成一体的疆域，拥有其独有的分类形式。

  18世纪晚期以前，动物学家首先使用"社会"一词来解释动物中的一种独特的交际组织系统，此后这个术语就被用于指代一系列特殊的联系和从属关系。直到19世纪初期，"社会"的概念作为一个特殊的领域——区分于政治和经济——才被应用于人类的情况中。随着19世纪30年代起社会的迅速发展，记者、统计学家、医生、慈善家、雇主和政客所做的大量工作帮助我们厘清了"英格兰的境况"，即工业化和城市化对劳工穷人的危害。尽管他们的方法、途径、流派、政治理念各不相同，但他们的工作都从整个社会独有的（与经济和政治不同的）节奏、疑问和问题切入，逐渐将其构建成一个独特的场域。社会的节奏和法律可以通过对某些疑问和问题的研究来理解识别，但其作为一个"自治系统"的观点却形成得十分缓慢。相较于社会科学研究协会（Social Science Research Association）在1857年和1886年的作品，这一点在赫伯特·斯宾塞（Herbert Spencer）*的《社会学研究》（*The Study of*

---

* 赫伯特·斯宾塞（1820—1903），英国哲学家、社会达尔文主义之父，他提出将"适者生存"应用在社会学，尤其是教育及阶级斗争。

Sociology，1873）和亨利·梅因（Henry Maine）* 的《东西方的乡村社区》（Village-Communities in the East and West，1876）体现得更为明显。前者通过进化生物学将社会概念化为一个有机的、不断复杂化的系统；后者解释了维系"传统"社会的地方和父权纽带。即便是在 1903 年，当社会学的学术学科在英国正式以社会学社团（Sociological Society）的形式姗姗来迟地现身，相较于解决具体的社会问题和描述、分类社会差异，它分析社会发展之铁律这一功能始终不太受到重视。[32] 相反，欧陆社会学家致力于观察法国、德国和意大利城市中最新出现的高密度和匿名化现象，试图去理解未分化的城市"人群"的集体特征和心理。[33]

在英国兴起的社会科学的文化作品力图使陌生人社会变得可理解，它们首先描绘了构成陌生人社会复杂性的差异的种类，接着想象出将这个离散系统维系起来的纽带。毫无意外，在英国这个帝国主义国家，社会研究者和调查者更依赖于种族分类，而非阶级，来理解在世界最大、最富裕的这座城市里所产生的贫困问题。他们不必远行千里即可探究《穷人是如何生活的》（How the Poor Live），因为正如乔治·西姆（George Sim）** 在 1883 年所说，"这是一块黑暗的大陆，其跨度不过是步行到邮政总局的距离"。人们愈加相

---

* 亨利·梅因（1822—1888），英国比较法法学家、历史学家，英国第一位比较法教授，代表作有《古代法》（Acient Law）。
** 乔治·西姆（1878—1930），英属印度行政官。

信"穷人"不是一个阶级,而是一个人种,并将其等同于帝国疆域上那些"原始的""野蛮的"民族,将伦敦的东区比作东方或非洲的黑暗大陆。[34] 这种对国内穷人的种族化与在1857年印度民族起义和1866年牙买加莫兰特湾叛乱(Morant Bay Rebellion)之后,英国人对于帝国范围内种族差异的固化观念密切相关。伦敦穷人的原始特质和英国人的帝国主义主体是深深根植于他们人口的种族差异的——人们逐渐倾向于通过决定性的生物学,而非文化或历史来做出解释。在高尔顿做不同犯罪类型的合成照片实验时,他也在研究优生学。查尔斯·布斯对于伦敦贫困现象做出了更有统计学逻辑的解释,也难以避免种族化的影响。他将每条街道按照其居民的富裕程度划分,用黄色代表最富裕的"中上阶级",用黑色标记"底层阶级",然而这部分被进一步归纳为"恶毒、半犯罪"区域。尽管布斯已经尽力了,但他的分类仍旧无法跳脱将穷人视作一个种族的观点。[35] 当"阶级"真正以构成社会秩序的分类标准出现时,它也不是社会学想象的结果,而是语言政治的产物。甚至即便马克思在英国长期流亡,阶级作为分类始终是边缘的,它首先是作为政治——而非社会——术语,被理解为与国家和公民身份的关系。[36] 直到社会科学家记录了中产阶级的扩张(伴随着工作的新型技术模式、新的住宅类型、新的休闲活动的出现)以及20世纪30—60年代间美国式大众文化、城市规划和不断提高的生活标准对传统工人阶级社区和文化的侵蚀,阶级分类才逐渐被接受。在这种意义上,阶级最为明显之时,正是在其消解和重构的时刻。[37]

重建私人领域

陌生人社会创造了新的行为传统和辨识、理解社会性区别的新方法，它同时也为私人关系领域的重建创造了条件。这尤其体现在家庭生活的转型中。对于现代核心家庭是何时出现、如何出现的问题众说纷纭，但很少有人会质疑，围绕一夫一妻制婚姻以及可积累、传递财产的后代所组建的家庭单元逐渐取代了基于广泛的亲属关系网络的大型家族。[38]人口迅速增长的数量和流动性似乎使家庭和家庭生活保持在一个十分易变的状态。1851年，仅36%的家庭只包含一对夫妇及其子女，而"44%的家庭包含至少一个外人，如房客、仆人或来访的雇员、客人、亲戚"。[39]1750—1850年间，英国家庭平均由五人组成，及至1950年，其规模变为3人左右，尽管如此，城与乡、不同职业、不同阶级间仍有显著的差异。在大卫·道夫（Davidoff）和豪尔（Hall）对中产阶级家庭的调查中，他们发现，1851年英国家庭的平均规模是稍微超过6人，而上层阶级和底层阶级的平均数字分别是超过7人和5人左右。除了上层阶级，从事贸易活动的家族也会比较庞大，这些家庭通常会有很多当学徒和售货员的成员；阶层较低的职业家族，如教师，也是如此，他们的家庭通常包含学校里的寄宿学童。另外，逐渐缩小的家庭规模忽略了一些"变数"成分不计，在1850年，这些"变数"包括眷属和远亲（侄子、侄女、表亲和兄弟姐妹）、访客、雇员（包括仆人和学徒）以及房客。约翰·吉利斯（John Gillis）用"陌生人家庭"

恰当地形容了这类门户。[40]

　　直到 20 世纪，英国家庭才真正和"核心家庭"搭上边。及至 19 世纪 80 年代，外戚大多都被剔除出家庭，仅仅两代人的时间，每个家庭的子女数量就从 6 人降至 2 人。即便如此，家庭规模仍然在 0—10 人的范围内平均分布。相反，到了 20 世纪 20 年代，绝大多数家庭的子女人数都在 1—3 之间。随着家庭规模和组成的变化，其情感机制也发生了转变。子女与父母之间的关系变得更为亲密，二者都比过去更长寿。单亲孩童的比例从 1741 年的 20% 骤减至两百年后的 3%。随剧增的人口和国内的城市移民到 20 世纪 20 年代终于趋于平缓，更小却更长寿的家庭单元也变得更稳定，且愈加独立于大家族。[41]

　　核心家庭的情感关系依赖于新的分工劳动和隐私管理，两者都在陌生人社会为核心家庭建立起一道屏障。首先，家庭的所在地开始与工作场所相隔很远。家庭长久以来都是工作的一个场地，居住空间一般就分布在四周或在商铺或小作坊的楼上。这个情况直到 18 世纪末才发生改变，那时许多生产开始转向工厂和大型工作坊，而贸易、零售和专业工作则移入独立专门的店铺和办公室。因此，当彼此独立的居住、商业和工业区域逐渐在不断扩张的城市地区成型，通勤也慢慢诞生了。这既是一个文化进程，也是一个经济进程，其最重要的部分是将妇孺从男性的工作世界中抽离。男人被认为是妻儿的经济支柱，后者将依赖于他的劳动过活。显然，对许多人来说，尤其是（但不仅仅是）工人阶级，这个理想很难被实现，因为要想维持一个家庭，必须依靠所有家庭成员的技能或收入。然而，尽管有这种不均衡的现象，理想型家庭仍然培养出了一种远离陌生人的新隐私，它将陌生人挡在门外，用窗帘、篱笆、墙壁、大门和车道为自己建起屏障。[42]

家庭生活的情感机制在这个私人空间内发生了改变。妇女和儿童不再被视为家庭经济的贡献者，因此他们成了重建的情感投资的对象，这些情感投资主要指向一系列新的家庭仪式，如家庭聚餐、睡前故事、假日和生日庆祝。[43]讽刺的是，这些活动都是以家庭成员在空间上的分离和距离为基础的。到了一定的时候，孩子们就会被要求睡自己的房间，尽管在1911年，3/4的家庭仍然住在一室户或两室户中。上层阶级的孩子与仆人相处的时间总是要比父母多，但从19世纪50年代起，中产阶级也开始将儿子送去寄宿学校就读。1840—1869年间，共有41所新寄宿制学校被创建，及至20世纪30年代，寄宿制学校的数量已经达到200所左右。许多学校为特定的地方社区服务，但即便是这些学校里，也会有父母散布于英国甚至英帝国不同地区的孩子。的确，于殖民地官员而言，将孩子送去英国本土的学校是他们维持自身社会地位和"英国性"（Englishness）的一种方式。[44]到1880年，当基础教育在英国成为义务教育，连工人阶级也不得不将他们的孩子送去地方学校，交由陌生人教导。

的确，一个家族分布范围的距离成为衡量其名望的标尺。正如男孩们为受教育而四散他方，对增加家族生意资本至关重要的中产

第二章　陌生人社会　　|　069

阶级婚姻市场也使女孩们离开娘家，远嫁异乡。书信往来使姻亲家庭间能够维持联络，一封信的到来及其承载的消息具有一种重要的、无形的象征意义。随着国内邮政递送速度的改善和1839年不计距离的平邮政策的诞生，家族沟通被贺卡（生日、假日、情人节或婚丧请柬的标志）和礼物交换所商业化了，后者能拉近远亲间的关系，使之再度回归家族生活的步调。及至19世纪60年代，即便是贫穷工人阶级住宅区如奥尔德姆（Oldham）的有文化居民，平均每人每年也能收到六封信。自19世纪起，人们对宗谱和家系研究——曾经是贵族独霸的领域——不断增长的兴趣也标识着英国人要将四散的家族重新聚拢，或至少载入家族圣经的决心。[45]通过书写来聚拢家族对终年漂泊且时常面临分离的帝国家庭尤为重要。官员们在殖民地内和各大洲之间的奔波，利用休假间歇返回母国，子女在寄宿学校的教育，以及夏天在山区的度假，此类种种都使得夫妻、亲子分离，在这些情况下，儿子可能数年都见不到自己的父母和手足，于是写信成了家庭情感机制内感情交流的唯一途径，也是他们对母亲应尽责任中最重要的一项。在第一次世界大战期间，许多家庭都有过这种糟糕的体验。[46]

对陌生人社会中亲密关系的重塑在征婚广告和个人栏目兴起的年代中最为明显。1870—1914年间，至少有22份专门刊登此类广告的婚介报纸在英格兰被创立。报刊亭和商店都出售此类报纸，它们每周刊登的广告数量逐渐从200条增加至500条，每份报纸的编辑都能大言不惭地说自己每年会促成1000桩婚事。这些出版物致力于通过策划建立起陌生人之间的联系，它们最重要的目标群体是底层阶级的职员和小贩，这些人缺乏自己安排婚姻的资源或家庭关系，偶遇或求爱对他们而言又显得危险且不体面。[47]尽管我们如今熟知的"孤独之心"类征婚广告自19世纪60年代起就在流行刊物上大胆出现，但直到1915年在一份叫作《联系》（*Link*）的杂志开始刊登被其编辑称为新"社交媒介"的内容时，它才以"个人栏目"的形式被正式化。这类"社交媒介"致力于帮助人们追求友谊和爱，而非婚姻。[48]旧式的求爱和婚姻当然没有消失，但这些唯有在陌生人社会中才有必要、有可能存在的新兴匿名交际方式为它们做了补充。

正如家庭发展出了新的情感机制，使其得以从陌生人中抽身，获得了隐私和其逐渐分离的家庭成员间的亲密关系，自我（selfhood）日益增长的表演本能可能也是对充斥着陌生人的社会之匿名性的一种回应。我绝不是在暗示将个人视为独立自治的自我的现代概念是陌生人社会的产物——我们知道这种对自我的新理解早在17世纪和18世纪就出现了。其最为重要的一环是从外部界定到内部界定的转变。前者是对自我检查和发展方向的指涉，就像新教徒要求个人救赎或对个体在一具更大的集体躯体中的升华；后者是对以下观念的认识：每个人是其自身知识的主人（笛卡儿），也是其自身生命的缔造者（约翰·洛克）。自我中心意识出现时，其道德性总是被质疑，甚至被视为罪过，但它终将被慢慢接受和推广。这尤其体现在镜子、钟表和资产阶级家庭中的私人卧室中，体现在对反思和自省的新实践中，体现在小说和其中独立人物的登场中，体现在新兴宗教的盛行中——它们将性别化的个体视为政治权利承载者，并推崇对个人利益的追求，还体现在新浪漫观念中——它们将孩子和童年视为自我实现和教育最独特的成型阶段。[49]一切自我探索和自我实现的新渠道都被当作个体最本质的内核，且都分别促进了人口数量、流动性及匿名性的增长。

与现代生活的匿名性密切相关的新文化是"表演"的文化，它逐渐介入了人们的自我塑造和自我表现。也有人拒绝关注内心世界、亲密性和真实性构成的新焦点，反而刻意根据固有的外部条件和与他人维持的距离，来培养新的自我形式。18世纪后半叶风靡一时的化装舞会就可以根据以上解释，被理解为是在陌生人群中完成自我表演的一方舞台。[50]这种对自我的理解最终可能成了"纨绔子弟"的代名词，但这绝不是上层精英的专利。尽管在19世纪的伊始和末尾，博·布鲁梅尔（Beau Brummell）*和奥斯卡·王尔德（Oscar Wilde）分别代表了自己时代的花花公子，不过维多利亚时代晚期的歌舞演出充斥的都是《香槟查理》（"Champagne Charlie"）**一类的歌曲，台上台下也都在戏谑地上演着各种不同社会身份的好戏。[51]甚至是人们对真实内心世界的诉求，也催生出了

---

* 博·布鲁梅尔（1778—1840），全名Geoge Bryan "Beau" Brummell，摄政时期英格兰的一个偶像人物，引领了男性时尚的风潮，也是当时的摄政王、未来的国王乔治四世之友。
** 《香槟查理》是19世纪一首十分流行的剧场歌曲，由阿尔弗雷德·李（Alfred Lee）作曲，乔治·雷本（George Leybourne）填词。

对各种为达成自我实现的公开表演的实践和探索。对转变和自我新生的叙事成了卫理公会文学（Methodist literature）的母题，也很快在工人自传中广泛出现，成为他们描绘自身在政治、教育和道德上转变的途径。禁酒运动（Temperance movement）使新教徒对宣誓书的公开签署成为他们集会的重中之重。关于自我完善的讨论在塞缪尔·斯迈尔斯（Samuel Smiles）*的经典之作《自己拯救自己》（*Self-Help: With Illustrations of Character and Conduct*，1859）中有详细说明，它也等同于对善良人格及其社会表演的培养，后者使其能被陌生人理解。[52] 19世纪后半叶，即便是工作如催眠、招魂或探索自我内隐之处的神秘学，以及这些工作在自主性和理性上的局限，也为其实现和表演提供了"科学的"舞台。[53] 现代社会环境可能创造出了一个充满匿名和疏离的陌生人的社会，但它也催生了亲密关系、情感和自我认知的新形式，使个人关系仍处于社会生活的中心。

1750—1900年间，英国人口的迅速扩张、增长的流动性和城市化的形态创造了一个新的陌生人社会。这种新的社会环境——我认为也是现代性的境况——重塑了街道上、家庭中和我们内心世界里的各种社会关系。它也急需人们发展新的政府系统和新的结盟与交易模式，本质上，也就是对现代政体和经济的再想象与组合。

---

* 塞缪尔·斯迈尔斯（1812—1904），英国著名道德学家、社会改革家和散文随笔作家。

第三章

统治陌生人

英国的历史学家如今已经发现了，从都铎王朝开始，每个世纪都会发生政府内部的革命。¹然而，在19世纪中期创造出现代国家的革命面前，它们都显得无比苍白。正如韦伯指出的，这个过程依赖于国家威权的抽象化，它从君主及其朝廷，或者说某些政客和地方官员的独裁，步入了面目模糊的官僚体系。权威逐渐被重置于无关利益的专业知识的新形态和以匿名但统一的途径远距离统领一切事务的行政系统之中。如福柯（Foucault）已经告诉过我们的，此中最重要的是这些体系在它们的权力及其合法性所及范围内规划人口和领土的能力。当地方成为空间，人民成为人口，我们现代人也逐渐成为政府的客体，这意味着我们将永远无法面见或知晓统治我们的人。

这个过程并非只发生在英国。然而，尽管许多官僚抽象化的技巧更早出现在别处，但它们出现的契机往往不同，发展的规模也有差异。中国选拔文职官员的科举考试可以追溯到 7 世纪，其出现就不是为了在扩增的帝国人口中建构抽象的官僚体系，而是为了训练和培养能够在地方代表国家权力的行政官。[2] 在欧洲启蒙运动时期，对拥有绝对权力的王朝的改革以及美国与法国具有革命意义的共和国使许多政府抽象化的形式就位、发展。不过，尽管以上这些事件或是预言，或是先于英国同类事件的发生，但它们都为政治需要所驱使，目的是扩大政府统治和国家职能的范围，以及重构司法形式。在英国也是如此。统治的新技巧和政府的系统化使在 1707 年与苏格兰及 1801 年与爱尔兰的两份《联合法案》之间构建一个新的民族国家成为可能，也使在"七年战争"之后，建立一个能统治分散于各洲大量人口的新帝国政体成为可能。确实，我们会看见，许多统治的新技巧是为了治理殖民地而发展起来的。[3] 尽管如此，在英国，这些政治需要往往被治理迅速增长和流动的人口的问题所夸大了。在这些情况下，权力和权威的性质——传统上应由地方和个人关系斡旋——不得不被重新定义。不论是在一个高度流动的陌生人社会，还是在一个急剧扩张的帝国主义政体中，个人或领导性权威对某一对象的认知都已不再足够。

在英国，对现代和不具人格的国家的构建一直是一个循序渐进的过程。新的体制和司法系统被置于旧有制度之上，却未取代后者。及至 1835 年，单单一个地方就可能拥有多种不同的司法系统：教区委员会、庄园领主治安法院（manorial court leet）、治安法官

(justices of the peace)、郡季审法院（county quarter sessions）、镇议会（town council）和济贫法联盟（the poor law union）。然而，国家在地方层面上日益繁杂的性质并非只是简单地沿袭了某些古老的治理形式，而是强调了其中的辩证性——国家权力的集中化和抽象化催生了对将其重新嵌入地方和个人形式的新鲜尝试。因此，从白厅向一个面目模糊的政府机器的转变与如下三种行为相互抵消了：其对仪式空间的重构、对政府的地方形态的重振以及对新国家代理的人格化（如贫穷法的捍卫者或学校签到官）。及至维多利亚时代中期，英帝国仍旧是一个与其先驱者截然不同的利维坦。它在前所未有的远距离上做更多事情的能力是源于一种抽象的、标准化的、各地通用的独特官僚权威体系，尽管毫无疑问，这个体系仍时常依赖于权力和权威的个人形式。

政府机器

人口普查自古时起便是治国管理的一部分，往往是为了提高税收或征兵数量。然而在18世纪，人们开始发展出一种新的量化精神，政府也愈加希望了解其治下人口，此时人口普查就更为频繁和精确了。在英国，三种因素在17世纪晚期促进了这种量化精神：致力于客观地测量和产出结果的科学实验新文化，作为一种需要量化风险的业务的保险，以及对"政治计算"的运用，即用数字直观地显示政府的效率及其对国家财政和健康做出的贡献。但近代国家对收集特定对象的数据和信息的所有野心和尝试,始终是地方化、非系统性组织的。[4] 尽管 1753 年曾出现过一些复苏的假象,但法国革命带来的战争和马尔萨斯关于"在史无前例的人口增长规模下无可避免会发生饥荒"的警示促使英国在 1801 年实行了一次人口普查,而美国和法国在十年前都已完成普查。

这次人口普查的革新之处在于其规律性(之后每十年都将实行一次)、同时性(将在一天内完成:3 月 10 日),信息量(地址、人数、性别、每个家庭成员的职业,还有教区内登记者受洗、结婚和死亡的日期),收集方式(由地区监督员带领和监督地方教区普查员完成,前者要将最终统计结果汇报给中央官员),分析和比较模式(即不仅要统计人口总数,还要统计所在地、职业——分为商业、农业、制造业三大类——和家庭规模,以及在这些范畴内随时间流逝而发生的变化)。这是这个国家有史以来第一次处理关于其人口的如此详尽的信息,哪怕这些信息仍有局限,都来自汇总表格上的家庭数据。如此,伦敦的官员现在足不出户就能知道几百英里以外的某个小村庄里居住着多少男人和女人。然而这还不是无形的政府机器的运作。直到 1841 年,英国国教的教区官员才收集齐数据,因为国家希望他们能对他们监管范围内的家庭有个人化的认识。

1836 年注册总署(General Registrar Office,GRO)(苏格兰总署设立于 1855 年,爱尔兰总署设立于 1863 年)设立后,一切都改变了。翌年起,不仅英国国教徒,所有国民的出生、死亡和结婚要上报国家,尽管在 1875 年以前,这还不是强制性法规。终于，非英国国教徒的生命也得到了重视，并被合法登记在册——在此之前，他们很少在国教教区被登记。英格兰和威尔士被分为626个注册区，济贫法委员会被派往各区担任注册员，负责完成每季度的注册鉴簿并将之上交给区域注册主任检查，随后送往注册总署再次核实。仅首年就有近百万条目被收录进12卷鉴簿，存放在防火的铁盒中。十年内，各个主要城市都设立了统计学会（statistical societies），其他政府部门也开始收集和分析不断增加的犯罪、商业、贫穷、教育和选民人口的数据，即便如此，注册总署仍然是一个庞大且具有革新意义的单位。[5]

注册总署负责施行1841年的人口普查时，人口被个体化了，即现在每个家庭成员的姓名和信息都必须由普查员上报。3.5万地方普查员被委派向每个家庭发放标准化表格，监督他们完成表格，并在集齐信息后将其录入特殊的鉴簿。一旦这些鉴簿上交给总注册处，官员们就会将信息提炼、概括，以将其通过不同的分类重新组织（如根据性别或职业），或分析随时间推移而发生的改变（如流动性或年龄）。这种分析工作的典型要数威廉·法尔（William Farr）在1851年的发现：矿工这类职业死亡率极高。在此之前，只有地方因素或当地矿区环境能解释分布在全国各地的矿工的死亡。通过用统计学方法归纳这些矿工的生命情况，法尔发现了国家的模式和趋势，这对政府管理很有助益。对这些数据的收集和分析有助于生成一个截然不同的国家政府，这个政府能以全新的方式思考和行动。

殖民统治开始后不久，爱尔兰和印度也开始人口普查，如此，帝国政府就能了解其治下的人民。在《联合法案》颁布后以及英格兰、苏格兰和威尔士第一次实施人口普查后二十年，"联合王国"人口普查制度终于延伸到了爱尔兰。1857年印度民族起义之后八年，殖民统治以东印度公司的形式取代了当地政府，印度开始实行人口普查。及至1881年，这已经成为十年一度的盛事，有50万普查员负责收集印度土地上每一个人的姓名、年龄、性别、职业、居所、出生地、种姓和宗教信仰。它促进了一系列延伸性的分析和报告。及至1901年，印度人口普查记录已经多达60卷宗，包含说147种不同方言和语言的2.95亿人。[6]不过，尽管殖民政府为人口统计投入了如此巨大的努力，但他们始终没能达到对殖民地人口的完整的、概念上的认识。有几种原因导致了这一结果：一些人因担心政府滥用这些信息而做出了抵抗；地方普查员没有按规章行事，或单凭记忆和个人知识填写了表格，而没做逐门逐户的走访；很难将个人简单地划分为特定群体（不论是有明确地址的居民，还是种族或宗教成员）。[7]尽管人口普查既可能是知识的产物也可能是无知的产物，但它在世界范围内带来的影响是巨大的。在印度，种姓制度因人口普查而成为固定分类，接着在本土社会内部根深蒂固，成为人们控诉殖民政府或在其治下巩固自身利益的基础。[8]无知和知识一样，都能稳固统治的地基。政府不知道自己哪里搞错了并不重要，重要的是它以为自己是对的，以为自己足够了解自己试图统治的陌生人。

帝国人口普查在1901年实施时是怀着这样一种愿景的：大英帝国的所有属地都能被视为一个单一政体的一部分。在殖民地大臣约瑟夫·张伯伦（Joseph Chamberlain）就任期间，这个愿景实现了，伴随着各方对帝国性联盟与合作在20世纪早期不断高涨的呼声。但在实践层面上，要将帝国构想成单一的统计单元却几乎是不可能的。1901年，考虑到殖民地官员的热情、勤奋程度和所拥有资源，全部人口或疆域都被排除在外了。即便是在1921年，人口普查记录了1.3千万平方英里土地上的4.58亿人这样庞大的数字，帝国范围内唯一共用的测量单位只是基本的人头计数和性别分类。《皇家统计学会学刊》（Journal of the Royal Statistical Society）甚至嘲讽了这项数据的精准度，指出在西非的部分地区，当地的普查员根据"每个家族首领向不同的瓦罐中投掷的各种颜色的豆子来指示这些家族成员的年龄和性别，或者通过数不同颜色的绳子上的绳结这种同样原始的方法来统计性别"。[9]地方法规总的应用比帝国通用标准要成功。1931年的帝国人口普查就有力地证明了这一点。帝国人口普查是为了把帝国视为单一的政府单元，但事实上它却仅仅表明了殖民统治零散的、去中心化的本质。[10]

英国这个"探查欲"很强的新近现代政府面对其治下人口的信息可能永远不知餍足，但它也与其属地分享许多信息，好让他们能掌握集体生活的节奏，不论他们在多么偏远的地方。法尔在注册总署的报告和分析可能枯燥无味，但它们强烈地吸引着自19世纪30年代起数量就开始飙升的统计学会成员，以及数量更多的阅读报刊的大众。公共记录办公室（Public Record Office，现称国家档案馆）创立于 1838 年，用于保存所有这些新数据档案。尽管如此，做公共记录调查的人员仍然甚少，且主要由律师事务所的工作人员担任；及至 1895 年，公共记录办公室做的调查总数还不到 4.5 万件。然而在 1911 年的人口普查中，却有 64.5 万人完成了近 350 万件调查。2009 年 1 月，国家档案馆仅用一个月就通过网上调研完成了这个数量。[11]

正如人口普查制度使政府以抽象的方式了解和统治其臣民，英国地形测量局（Ordinance Survey）也使其得以了解和绘制其治下的疆土。战争和国家安全也十分关键。尽管在战时外来侵略的威胁下，南海岸地区的地图在 1791 年就已完成测绘，但在开始 1817 年的印度大三角测量（Great Trigonometric Survey of India）之前，英国政府仅拥有英格兰和威尔士 1/3 土地的地图——直到 1853 年，其余部分才完成。爱尔兰和苏格兰的地形测量分别在 1824 年和 1843 年启动，并分别于 1846 年和 1882 年收尾。这两项工程都十分浩大。爱尔兰测量在结束之前共雇用了 2000 人，而印度测量则创建了一条绵延了 1400 英里的三角测量链*，从马德拉斯（Madras）**的基线

---

* 三角测量法，指在地面上布设一系列连续三角形，采取测角方式测定各三角形顶点水平位置（坐标）的方法。它是几何大地测量学中建立国家大地网和工程测量控制网的基本方法之一，由荷兰数学家斯涅耳（W. Snell）于 1617 年首创。

** 马德拉斯，现称"金奈"，南印度东岸的一座城市，坐落于孟加拉湾的岸边。

一直到喜马拉雅山脉（在喜马拉雅山脉，需建多座50英寸*的塔作为三角点）。如果说人口普查的统计分类形塑了理解人口的某种途径，那么英国地形测量局则掌管了收集、收编、修改地方名字（当然，通常都是用标准化的英语），以及划分行政和财产边界线的权力。这些地图通过对某个抽象空间的统一理解展示了个人对地方的经验，使对国家的总览胜于地方风俗知识。的确，抽象空间的视野因其明晰的几何线条而更开阔，使未开垦的农村土地和形状不规则的城市贫民窟显得十分"不自然"。及至19世纪末，这些绘制地图的方法已经变得非常详尽且有效，因此画出埃及的地图只花了十年时间，这幅国家地图由2万张代表了25英尺到1英里土地不等的小地图组成，小地图上记录了所有地主的名字，不论他们的土地是大是小。到第一次世界大战爆发前，大英帝国广袤疆土中的绝大部分都通过这种方式被绘制成地图。的确，这个国家的强大之处在于，它不仅对这片疆土上每一个小地方都了如指掌，也在世界地图中举足轻重，英国就在这张地图的中心，而其辽阔的帝国领土更是占据了半壁江山。[12]

在对税收制度的改革中，匿名的官僚主义现代国家这一新体系的崛起显得尤为明显。在近代英格兰，税金是出了名的难收缴。都铎和斯图亚特王朝从来就没有足够的税收来用于军事目的，朝廷总是担心征税太多或不同形式的税金会引起叛乱。然而17世纪晚期

---

* 约等于1.27米。——编者注

起，一种新的财政—军事国家（fiscal-military state）出现了。它的革新之处在于它创立了一种新的金融工具——国债——使国家可以通过新设立的英格兰银行（1694）借到足够的钱用于军事目的。稳定的税收成为这些贷款的担保，并使其保持着较低的利率。这些税收有三个主要来源。将近一半的税金来自土地税，其余的部分是关税，部分是消费税。土地税和关税都是由国家的普通代理人从地主和商人那里直接收取的，但为消费税（即如今针对特定商品收取的营业税）而建立的一整个新的税收系统十分有效，以至于为政府带来了极大的收益。1710 年，消费税占政府总收益的 29%，到 1820 年已上升至 80%。[13]

英国税务委员会（The Board of Excise）将行政系统发展到了前所未有的规模和成熟程度，具体体现在三方面。首先，它将英国分成 886 个"区"，并委派每个区不断增加的收税官（及至 1708 年已超过 2000 名）负责日常的巡查工作，平均每人负责 38 英里的农村"骑行"范围和 6 英里的城市"步行"范围。这些收税官，和那些负责收土地税和关税的代理一样，在自己负责的区域内与他们的收税对象发展出了个人关系，因此对一个人的税务评估和核实有时取决于誓约、尊敬和信任。其次，为了缩小这种体制造成的地方差异，每个收税官都有一套"装备"：税务手册、测量仪器和度量单位，这样使整个英国都处于一套统一、通用的评估标准之下。渐渐地，收税官的权威和信任度取决于新的官僚体系，如标准化的重量、测量单位（尤其是在 1824 年采用新的英制单位之后）和 19 世纪 40 年代废除宣誓仪式之后成为强制性工作的复式记账（double-entry book）。这些体系所传达的信息再清晰不过，如一位历史学家所言："不要相信我们，但要相信我们的程序和工具。"[14] 最后，税收的合理化和标准化简化了其分类，税收项目从 1800 年的 1500 种减少到 1860 年的 26 大类。到 19 世纪末，消费税仅针对 9 种商品，其中 4 种（外国烈酒、烟草、茶叶和葡萄酒）的税金占消费税总额的 96%。这个似乎公平公正的官僚体系——按计量、评估和收税的标准化来看——成了现代税务系统的标志，后者在 19 世纪开始被普遍实行。

所得税制度的采用使这个系统达到完善的顶点。所得税最初出现在英国是为了资助 1799—1815 年间的拿破仑战争，它在 1842 年被永久性恢复，并且标志着国家开始渐渐脱离对非直接形式的税收的依赖。如果说消费税刺激了英国在 18 世纪的军事野心，那么所得税就在 19 世纪帮英国完善了公民的民事行为能力和国家的基础建设。然而与先前各种形式的税收不同，所得税几乎从一开始就是一个抽象的程序，可以概括为一组样式和流程——尤其是对税收一览表的运用——它们从源头起就被简化了。及至 1870 年，整个体系由仅仅 361 名调查员和监督员运作，对纳税人而言，他们始终是匿名的。当然，还是有一些不可忽视的特例存在，因为来自土地（以及贸易、商业和职业活动）的税金仍然要由一个包含 4.5 万名业余评税员和委员（通常属于职业阶级 [professional class status]）的网络来评估定价并收纳。这些业余的官员每年收入超过 100 英镑，

第三章 统治陌生人 | 087

每收到 1 英磅税金还会有 1.5 便士的回扣（1 英磅等于 240 便士），政府希望他们公正、严谨，且对他们的评税对象不要过于追根究底。意料之中的是，国内税务局（Inland Revenue）担心这个系统中会出现估税偏低的情况。尽管 1864 年他们尝试将这些业余官员剔除出税务系统，但直到 20 世纪 20 年代税务局才得以完全掌控地方评税和收税。直到那时税金的评估和征收才在一个完全匿名的官僚流程中普遍化、自然化。[15]

在殖民政府的构成中，税收制度也一样重要。印度一如既往地为新体系提供了重要的实验场地，这些新体系证明了不同的统治方式。伦敦不断向印度施加压力，要其提高税收并根除收税官的贪污现象，防止他们积累个人财富，因此，在康沃利斯（Cornwallis）掌控下的东印度公司在 1793 年野心勃勃地推出了《永久殖民法案》（Permanent Settlement），要求孟加拉的所有地主缴税。这个系统的核心是一项新的固定税，征收对象是拥有地产的印度地主（zamindars），反过来，作为回报，只要后者缴税，就能享有田产的有效所有权。这代表了一次创造课税的通用标准和对象的尝试（在英国本土仍难以想象），这个系统也同时试图将殖民地上的地区官吏培训成收税官。为了负担殖民政府在 1857 年印度民族起义之后日益增长的开支，1886 年引入了所得税制度，该制度很明显依赖于地区官吏的人际关系、处理能力和个人知识。它表面上是以英国体系——时刻表、通用评税标准、匿名的收税形式——为模板，但实际上鲜少包含这些特点。由于只有公职人员是强制性纳税的，因此总税收的半数以上都必须由收税官去收取，他们要评估哪些对象有义务缴税（包括私人公司和合营公司），继而计算出他们须缴的税款，在此过程中，申报和评估收入都没有通用的标准。课税制度因此必然仍与名誉和协商挂钩，在这个体系中，有 1/3 的纳税人都会求助于地区官吏及其评税员，他们拥有极大的个人权威。[16]

然而，让英国的帝国政府在 20 世纪对其属地的了解有了大幅增加的，还是标准化的、匿名的官僚体系。1911 年开始施行的国民保险制度要求政府对 200 万人的就业和收入历史有持续和完全的了解，如果这些国民的收入因为疾病或失业而减少，保险须在此之后 15 周内赔付。1946 年，当国民保险制度覆盖了全部的成人国民人口时，对文件的处理已经达到需要年金部（Ministry of Pensions）4000 名员工才能完成的工作量。有了国内税务局，只有那些拖欠税金的人——逃税者或"囤积"救济金的人——才会触碰到这个面目模糊的政府机器的真面目。如果说这些监督员就象征着国家的权力——有时他们似乎很享受这种经历——他们对他们的监督对象的认识是官僚式的，而非个人关系层面上的：这种认识来自对他们手上的文件的熟悉，而非他们的真实生活。[17]

国家权力通过匿名的行政体系进行的抽象化需要一台全新的政府机器。探查欲强的国家依赖于收集和处理海量数据的技术性手段，其中还包括标准化制度、训练有素的人员和机器的复杂组合。对人口普查员、登记员和监督员的培训不仅依赖于给他们的手册，更多的是标准化的制度，他们必须遵循这些制度，以确保无论在何地，

第三章　统治陌生人　｜　089

对象为何人，他们都能收集到可供比较的连贯数据。在地方收集完毕之后，这些数据将会被集中起来，送往中心处理。随着时间的推移，数据的数量和复杂性都渐渐提升，同时收集数据的技巧也渐渐完善：19世纪中叶是分类账（ledger）盛行的年代，19世纪晚期和20世纪初期则是卡片索引文件（card index file）的年代，而20世纪中叶属于何乐礼机器*，最后则是电脑。这些技巧和机器决定了对其所有的属地——不论距离远近——英国能做什么，以及如何通过单一的分析框架和行动方式做到。[18] 它们不仅仅是这个国家不断增长的探查野心的产物，它们组成了这个国家。

人类的资本对于塑造政府机器公正和科学的形象，也十分重要。1854年的《诺斯科特—屈威廉报告》（Northcote-Trevelyan Report）创造了术语"文官"（civil service）**，这份报告巧妙地推动了这种形象的形成。它将17和18世纪的管理层表述为腐败和低效的群体：官位通常是买来的，或者由大臣或赞助人直接委任，一些职位的委任仅仅是为了迎合"国王的乐趣"，官员们也常常贪污腐败、中饱私囊。报告认为，相反，唯有在政府官员是匿名于大众，且（享有

---

* 指德裔美籍统计学家和发明家赫尔曼·何乐礼（Herman Hollerith）发明的打孔卡片制表机，该机器的发明和使用使1890年美国人口普查得以在一年之内完成，而1880年的普查工作则花去了八年时间。

** 1854年，英国财政部常务次官查理斯·屈威廉（Charles Trevelyan）与史丹福·诺斯科特（Stanfford Northcote）提出了著名的《诺斯科特—屈威廉报告》，该报告首次以官方文件形式将政府公职人员统称为"文官"。

丰厚薪水和年金的）终身职位是通过公开竞争得到时，文职系统的中立性和高效率才可能实现。事实上，《诺斯科特—屈威廉报告》更像是改革和合理化程序的终结，而非起始。作为东印度公司管理层的"产物"，屈威廉虽然是经由旧有的荫庇网络而被招募的，但他在黑利伯瑞和威廉堡的学校接受了培训，还必须通过选拔考试，这些考试将东印度公司的职员分类成不同的级别和职位。他还是托马斯·巴宾顿·麦考利（Thomas Macaulay）*的连襟，后者在19世纪30年代曾进一步推动了文官系统在印度的改革。的确，在《诺斯科特—屈威廉报告》出版前两年，印度的文官系统是对外开放的，想进入的人必须通过一个竞争激烈的考试，这个考试只在伦敦举行，如此几乎将所有印度人排除在外！[19] 直到19世纪80年代，白厅的新文官事务委员会（Civil Service Commission）才开始执行新的专业标准——划分各部门岗位的职责，根据工作的复杂程度设定薪资标准，区分以下两种工种：由精英群体构成的、负责指挥工作更为常规机械的文员的管理层通才（generalists），以及具有专业知识的专才（specialist）。[20] 及至19世纪晚期，印度和英国的文官系统都成功将自身形象打造成"公正的服务事业"，将官僚程序变为一种职业方式。

尽管据说维多利亚女王害怕《诺斯科特—屈威廉报告》所预测

---

* 托马斯·巴宾顿·麦考利（1800—1859），英国诗人，历史学家，辉格党政治家。他曾经担任英国陆军大臣和财政部主计长。

的管理层改革会创造一种独立的、匿名的新型官僚,但事实上它催生的是一种新的统治阶级。这个阶级将他们自己塑造成绅士,促使人们对管理者的个人性格及社会背景产生非常具体的认识和理解。稍高级别的文员被认为是能做精细分析和严谨判断的通才,人们认为,他们公正的思想风格及独立的人格来自他们早年在私立学校和牛剑(Oxbridge)接受的自由艺术教育和绅士教养。[21]1914 年,这个精英群体有 450 人,78% 是牛剑的毕业生,其中 60% 都是念古典学的。由于 19 世纪 70 年代前,牛津和剑桥都不录取非英国国教徒或女学生,文员几乎清一色都是男性和英国国教徒。这些富有才干的绅士被认为是这个国家秘密的捍卫者,尤其是当他们被赋予丰厚的薪水和年金时。毋庸置疑,直到 20 世纪晚期,当这个阶级的专业素质最终不再与某个特殊的社会阶层紧密相连时,文职系统才最终彻底"开放"。即便到 1969 年,在国家的管理层有 1089 名文职官员,也仅有 5% 是女性,64% 都是牛剑毕业生,96% 在私立学校或拔尖的文法学校受过教育。[22]

在这个绅士化管理层的精英阶级之下,是所谓的专才,即具备特殊技术知识的人,国家的扩张事业都要依赖他们。这些人不是私立学校或牛剑这些"人格工厂"的产品,他们拥有某个科学或技术领域的专业知识——他们是工程师、勘测员、统计学家、保险精算师、兽医、药剂师、医生、气息学家等。尽管他们不是在 19 世纪 30 年代才出现的,但他们的数量在接下去的几十年里如滚雪球一般增长,其中许多人都加入了不断壮大的监督员队伍。作为政府的移动眼线,监督员分布于全国各地,他们控制管理矿场、工厂、监狱、济贫院和学校的情况,以及大部分人口中的"滋扰行为"(nuisances,后被称为"卫生状况")*。这包括管理出租屋,对屠宰场、高速公路以及每门每户的检查,调控食物、空气和水的质量。尽管监督员公正的权威源于他们的专业知识,但他们与那些不露面的官僚仍相距甚远。理论上,监督员是一个技工,其任务就是全副武装,带齐装备和由中央决定的科学标准,去记录和测量。不过,由于他们的工作要求与公众持续互动,因此辨人识物、处世之道这类交际的艺术变得不可或缺。1895年,天空岛(Isle of Skye)** 仅有一人负责该区域的所有督察,监督员必须走上近3000英里(合约4828千米)才能完成他的任务。在这样的偏远地区,要将官僚程序与个人关系的艺术分隔开来,简直难上加难。[23]

最后,在被精心构建的文职系统的等级制度中的最下层,是低级文员,他们的任务是所谓的机械性工作:抄写和起草文件。这些工作对于政府各部门之间的信息流而言非常重要。及至1871年,有2000名这样的工人拿着每小时10便士的统一报酬;到1875年,一批新的"男孩"文员加入了他们,这些男孩一般到20岁就会离职。不断增加的通信速度和数量要求一支真正的抄写员队伍,

---

* 19世纪中叶,英国设有"滋扰行为监督员"(Inspector of Nuisances)一职,主要处理公共健康和卫生相关问题,该职位后更名为"卫生监督员"(Sanitary Inspector)。
** 又名斯凯岛,是苏格兰内赫布里底群岛最大也是最北部的岛屿。

第三章　统治陌生人　│　093

他们不需要具备什么知识或受过什么训练，只需要一双健全、迅速的手。由于这个群体没有更高阶级所有的丰厚薪资、职业结构和社会声望，人们通常认为他们也没有绅士应有的谨慎，无法在日益强势的媒体面前为国家信息保密。1911 年，改良后的文职系统的核心特质就是"光荣保密"（honorable secrecy）文化，《官方机密法》（Official Secrets Act）为其做了补充，该法案的出台是为了确保所有政府文职官员，哪怕低级文员，也不敢向外泄露政府信息。[24]

如果说这个新的政府机器并非完全不具人格，那么它也不是单纯的抽象概念。政府机器在以下形式中被具象化：公路、铁道、轮船和飞机、电缆，以及使国家不断扩张并彰显其权力所及范围的无线电台。尽管这个通信基础设施使更远距离的数据传送不断加速，因而方便了政府业务，但它始终是军事任务的产物，保证了国家的武装势力一目了然。正如大英帝国内部的公路网是在与苏格兰和爱尔兰合并后才建立的，军队也是同样，他们的扎营位置都目标性地设在主干道旁，并轮流围绕国土行军，常常被派去平息、镇压暴乱。1780 年戈登暴乱（Gordon Riots）* 期间，1.2 万名士兵进入伦敦驻守。1811 年和 1812 年，相同数量的士兵也曾被派出，为了"平息"

---

* 戈登暴乱，1780 年由乔治·戈登勋爵（Lord George Gordon）在英国伦敦发起的一场反天主教暴乱，主要目的是反对 1778 年的《天主教徒法》（Papists Act of 1778），该法案是为减少官方对英国天主教的歧视而颁布的。

在莱切斯特和约克之间发生的卢德运动（Luddite disturbances）。*很快，军队的调遣开始通过火车进行，最著名的例子是1848年，8000名士兵被派往伦敦执行对宪章运动的镇压。** 鉴于19世纪20年代和30年代新设立的警方力量刚刚起步，且规模不足，军队通过公路和铁道的流动是十分必要的。伦敦城市警察的势力逐渐稳定，能直接响应内政部的指令，但除此以外，许多城镇对警力的发展仍然是出奇地慢。1848年，英格兰和威尔士13%的自治市镇依旧缺乏警力，和五年前41.5%的偏远郡县状况一样。即便是配备警力的地方，警官也是寥寥无几，如果不做严重警告并请求军队的援助，他们并没有能力控制严重的暴乱。1841年，伦敦900个居民中仅有一个警察，在曼彻斯特和伯明翰，居民与警察的数量比则为600∶1左右。但这与利兹（1000∶1）、沃尔索耳（2200∶1）和麦克莱斯菲尔德（3200∶1）比起来，已经是好得多了。尽管在19世纪后半叶，英国的警力已经有了大幅提升，在许多城镇它仍旧只是一个象征性的存在——及至1881年，英格兰和威尔士共2600万人口中仅有3.2万名警察，平均每名警察要负责812个居民。[25] 哪怕

---

* 卢德运动，19世纪英国民间对抗工业革命、反对纺织业者的一次社会运动。在该运动中，常常发生毁坏纺织机的事件，因为工业革命运用机器大量取代人力劳作，使人们不能改善他们的生活，甚至失去职业。该运动于1811年始于诺丁汉，1811年与1812年在英格兰迅速蔓延，在短时间内，卢德分子集结成了一股强大的势力与英国陆军发生了冲突。

** 宪章运动，1838年到1848年发生在英国的一场普通劳动者要求社会政治改革的群众运动。1848年4月10日，费格斯·奥康纳（Feargus O'Connor）在伦敦南部肯宁顿筹划了大型集会，酝酿请愿。政府方面调集了大量武力以防不测。

到了 20 世纪早期，遇到 1911 年的交通大罢工或 1926 年的总罢工，还是必须得调遣部队压制暴动。如果民族国家的武力有一张人脸，那一定是一张陌生人的脸。

在英国本土调动部队要比在国外维持军力容易得多。考虑到 18 世纪供养远方军队会产生的物流问题，在海外土地上的战争通常都要借助当地的盟军或雇佣军战斗。因此，1757 年的普拉西战役（Battle of Plassey）就是由仅仅 750 个英国士兵和 2000 个印度兵（Sepoy）打赢的，当时英军还在欧洲和北美作战。18 世纪 60 年代，军资中多达 25% 都是用于雇用外国军队的。尽管如此，随着供给网络的改善，英军的规模在 1689—1815 年间几乎扩大为原来的 10 倍，达到了 40 万人。英国海军对于在帝国范围内的调遣和对陆军的支援至关重要。及至 19 世纪晚期，海军的用度已经占到政府全部支出的 1/5。在帝国中偏远的土地上巡查、维护治安使得舰队的规模、速度和权力都不断提升。用铁皮炮艇在恒河、底格里斯河、幼发拉底河，以及鸦片战争时期中国的港口城市巡逻使得海军最终放弃使用木船。

日益见效的运输系统使国家比以往更向外部、向远方延伸了，新的科技也帮助它扩大了武力范围。在科技层面上，这是一次 19 世纪独有的发展，因为正如丹尼尔·亨德里克（Daniel Headrick）所指出的，"第一次世界大战的来复枪和拿破仑时代的火枪之间的区别要比火枪与弓箭之间的差距更大"。[26]18 世纪末，火枪的准确射程在 46 米到 64 米之间，但枪筒和子弹的设计经历了一系列技术上的改良，及至19世纪中叶，枪支射程已扩大到270米。19世纪60年代起，后膛枪和栓式来复枪的出现又将枪支的射程增加到460米，重新上膛的速度也有所提升。19世纪70年代，为了对抗非洲南部（其后十年在埃及）的祖鲁人（Zulus）和阿善堤人（Ashanti），加特林机枪在殖民战争中出现，这种枪支已无须重新上膛。随着间接射击的新技术开始取代对目标的直线瞄准打击，从19世纪70年代起，火炮武器的使用也开始发生转变。最终，飞机和空中轰炸出现了。仅1919年，空袭就被用于平息发生在埃及、印度、阿富汗和索马里兰的动乱，很快它又在伊拉克、巴勒斯坦、苏丹和爱尔兰达到了相同的惊人效果。然而，正是在20世纪20年代的伊拉克，"轰炸机哈里斯"（Arthur "Bomber" Harris）＊首次体验了地毯式轰炸系统的威力，他后来在"二战"期间用此战略轰炸了德累斯顿和汉堡。国家非人格化的大规模破坏似乎具有可以决定死生的全能权力，不用说，在这种行为所带来的道德影响面前，轰炸的精准度已经不再重要，更不必说对平民和军事打击目标的区分了。这种杀戮在规模上是工业化的，在本质上是不具人格的。肉搏战并没有消失，但杀死另一个人类无疑已经成为更抽象的景象，尽管此时无人机还不足以达到实战需求。

远距离发动国家武力在一定程度上依赖于一个能够迅速识别需

＊ 亚瑟·哈里斯（1892—1984），英国元帅，是"轰炸机致胜论"的倡导者，人称"轰炸机哈里斯"，因主张对平民无差别轰炸而在英国皇家空军内部被称为"屠夫"。

要武力的地点的通信系统。邮政、电报以及收音机的不断发展大幅度压缩了政府的空间和时间。自17世纪起，英国就沿着通向布里斯托、霍利黑德、多佛、爱丁堡、诺维奇和普利茅斯的公路运行着一个邮政系统。1784年邮车（mail coach）在公路上出现，1838年火车开始服务于邮政业务，整个邮政网络以伦敦为轴心大幅扩张。邮件成了中央政府与地方官员交流的唯一途径。在1840年启用"一便士邮政制"（Penny Post）以前，英国有一个免费邮寄系统，供国会成员和行政官员使用。1838年有700万封信件都以这个方式递送，同年还有5700万封普通信件，它们则是按邮寄里程收费的。与后者不同，免费邮寄系统内信件的目的地非常均匀地分布于英国的版图上。创建邮政系统是殖民政府的首要需求之一。爱尔兰的第一个邮政系统设立于17世纪40年代，为的是促进伦敦与这片叛乱的殖民地之间的交流。18世纪60年代期间，东印度公司在其三省*内建立了一个邮政网络，但1854年印度就开始采用中央邮政系统，售卖预付邮资的邮票，并通过火车进行递送。爱尔兰邮政在19世纪30年代被并入英国邮政系统，这就几乎等同于殖民统治，在都柏林邮局于1916年"复活节起义"**中被英政府控制时体现得尤为明显。[27]

---

* 即孟买、金奈和加尔各答。
** 复活节起义，爱尔兰在1916年复活节周期间发生的一场暴动，是一次由武装的爱尔兰共和派以武力发动的为从英国获得独立的尝试。起义在六天之后遭到镇压，尽管军事上是失败的，但可以被认为是通往爱尔兰共和国的最终成立道路上的一块重要的里程碑。

1845年，英国邮政局也成为电报系统本部，电报使得跨越超远距离的信号收发可以几乎同时进行。及至1870年，仅仅是英国的电报网络就已包含了里程数达到2.2万英里的电报，从超过3000个收发点生成了600万条信息。1852年以前已有一条电报成功跨越了爱尔兰海，到1865年，则已有数条电报越过大西洋发至北美，以及越过红海发至印度。此后，电报的影响力遍及了整个帝国，直达当时的香港（1871）、新西兰（1876）和非洲东部及南部（1879）。19世纪60年代和70年代，简短的信息要到达目的地还需要数天，但到了19世纪末，消息的传送已经仅需半小时了。对危机时刻中的殖民管理而言，电报比其他任何通信系统都重要。在宪章运动引起的暴动中，是电报首先促成了英国军队的行动，然而，是印度民族起义使它真正成为不可或缺的通信方式——覆盖了4500英里的电报帮助英军迅速调遣部队，而如果使用邮政通信，则要花上好几周。[28]

如果说电报大大降低了政府远程处理事务的难度，那么它也在国家领土上构建起了一种新的时间统一性。电报经铁路传送的同时性促成了国家和国际时间的标准化。这个过程在19世纪40年代起始于英国，自那时起，铁路公司开始公布火车的往返时刻表，这些时刻与伦敦的节奏保持一致，进而取代了地方管理的时间。及至19世纪50年代，英国大多数城市都已将自己调整到与新的时间规则一致，即以伦敦为标准。但在较为偏远的地区就完全不同了，直到1880年《时间定义法案》（Definition of Time Act）制定了标准化的国家时间之后，火车和电报才在那些地区得到普及。随着铁路和电

第三章　统治陌生人　　099

报遍及全英及全球，同样的进程也在这两个范围内发生。1884年，伦敦的格林尼治时间被正式采用为国际标准时间。

领袖之国

治理一个由陌生人组成的社会以及一个不断扩张的帝国政体可能催生一个新的政府机器，其统治形式逐渐向抽象和不具人格的特质过渡，但这些统治形式反过来也常常会导致另一些新的权力形式的出现，即极具号召力且高度个人化的权力形式。1867年，记者沃尔特·白芝浩（Walter Bagehot）*注意到了这种辩证性，他认为，《英国宪法》（*The English Constitution*）的功能不仅仅是处理政府事务，它还使英国王室拥有了近乎神秘的气质。白芝浩将前者称为"效率部分"（efficient parts），将后者称为"庄严部分"（dignified parts）。[29]对白芝浩而言——也是对我而言——最重要的是，这两部分不仅是必要的存在，且相辅相成。因此，白厅内的新文官团队不断扩大的规模以及他们的官僚体系保证了国家处于一种宏大且具象的架构之中。19世纪，特拉法加广场、国会广场以及维多利亚堤岸之间的区域，成为政府唯一的官僚空间。白厅的一大部分及其周边许多秘密大厦是英国皇家宫廷的旧址——国会大厦15世纪时就

＊ 沃尔特·白芝浩（1826—1877），英国商人、散文家、社会学、经济学家，1858年后任《经济学人》杂志主编。代表作有《物理学与政治学》。

建在那里——都在1698年的大火中被烧毁。18世纪，财政—军事国家重建了海军部（1726），随后设立了财政部（1736）和贸易部（1768）。虽然政府通过这种方式在官僚空间内烙下了自己的印记，但白厅的现代角色还是因另一些地点的出现才被构建的：国会大厦在1834年大火后的重建（1840—1860）、特拉法加广场因新的国家美术馆（1832—1838）和纳尔逊纪念碑（1845）的建造而进行的再设计、外国和印度事务部备受热议的规划（1868—1873）。[30] 同样重要的是，这片空间本身因为维多利亚堤岸的出现和国会大街的拓宽（通过在1873年移除国会广场入口处的国王大街）而变得开放了（见图10）。1885年，唐宁街成为政府官员的居所，以及首相和财政大臣的办公地点。与此同时，国家设立了一系列新的重要部门：外交部与殖民部（1873—1875）、新苏格兰场（1888—1891；1912）、海军分部（1895；1911建造了水师提督门）、财政部（1898—1917）以及陆军部（1899—1906）。这些建筑的历史决定论式的设计风格掩盖了他们在筑造上的新颖之处，并且宣告了国家的团结永固。然而在这样的外表下，其实是经过精心设计的功能性空间，其用途是让大量的办事员能够完成政府事务：新的陆军部办事处有千余间办公室，走廊总长度达到半英里。[31]

  白厅以这种新的巨大化样态重新被视为大英帝国的礼仪中心。很切合其宫廷旧址的气质，白厅成为一个被重塑的王室表演的舞台。在19世纪慢慢被剥夺了管理的实权之后，英国王室逐渐被赋予了一种新的象征性权力。维多利亚女王在1852年开始将国会开

第三章　统治陌生人　｜　101

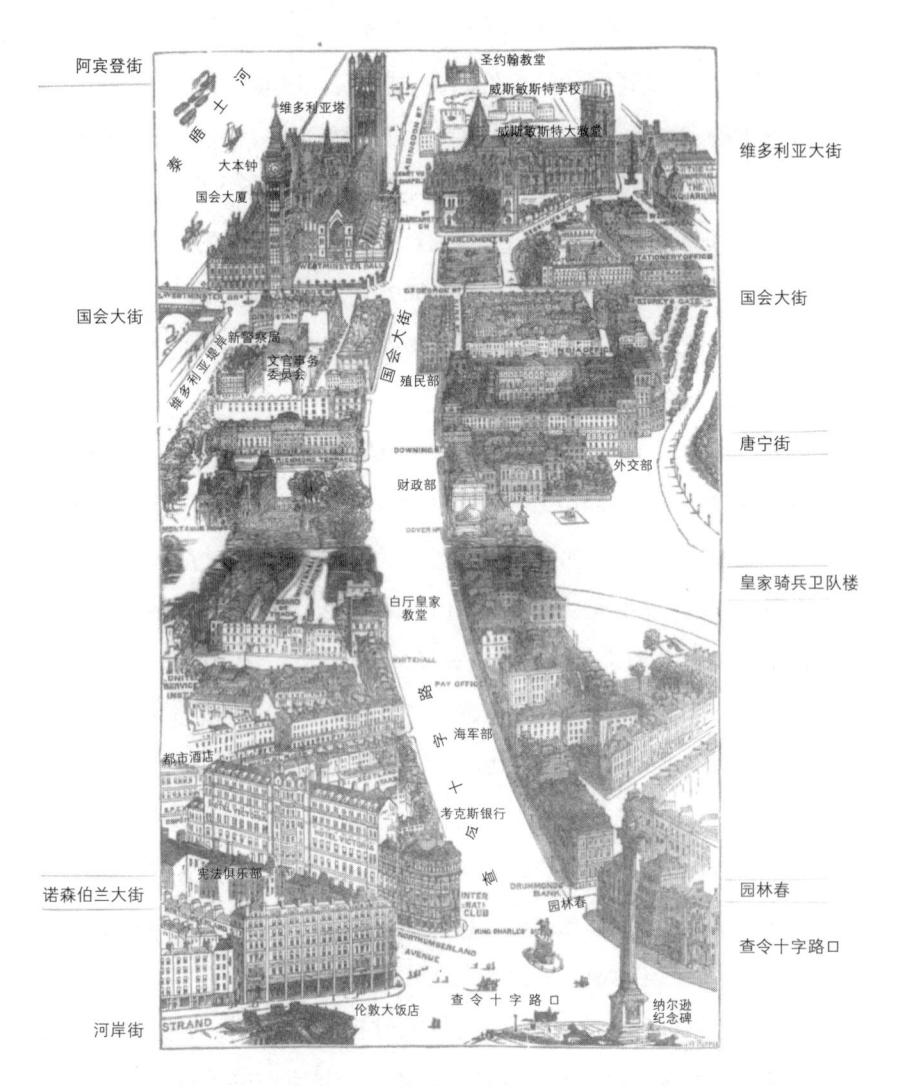

图 10　白厅的"庄严"空间

"白厅花园""皇家骑兵卫队楼"和"阅兵场"在图的中央部分被省略,从左至右。
图片来源:Herbert Fry,《伦敦》(*London*, London: W. H. Allen, 1891)。

幕大典仪式化，但她丈夫死后，在1861—1886年间她只主持了六次大典，即便在迪斯雷利*使其当上"印度女皇"的1877年都没有举行该仪式。将国会开幕大典的地点和奢华风格固定下来的，是爱德华七世。第一次世界大战前十年，他通过建造水师提督门、拓建林荫路（the Mall）以及重新修葺白金汉宫的表面，在白厅内划出了独属于王室的空间。作为大英帝国礼仪和官僚的中心，白厅在1883年和1885年成为芬尼亚人**炮轰的目标；二十年后，妇女参政权论者也在那里抗议，她们组成人墙或砸碎政府办公室的窗户。白厅是1919年盟军胜利游行的最佳地点，其中心位置还建立了一座纪念碑，用于每年对"一战"老兵的纪念活动。英国统治所面临的挑战日益增多，其威权随时可能动摇，而与此同时，纪念碑的建筑师，埃德温·鲁琴斯***正投身于设计新德里——英属印度的造价高昂的新首都城市。鲁琴斯的作品是一个尖锐的提醒：19世纪70年代遍布大英帝国的宏伟建筑，助长了（以白厅为中心的）英国的绝对帝国主义野心。[32]

新德里的秘书处办公大楼的宏伟规模证明了，印度已成为最能

---

* 本杰明·迪斯雷利（Benjamin Disraeli, 1804—1881），英国保守党政治家、作家和贵族，曾两度担任首相。1876年，由迪斯雷利建议，议会通过决定，授予维多利亚女王以"印度女皇"的称号，并于1877年元旦在印度首都德里举行了隆重的加冕典礼。
** 即爱尔兰共和兄弟会，他们于1881—1885年间在英国发起了"芬尼亚运动"，即一场争取爱尔兰独立和建立爱尔兰共和国的运动。
*** 埃德温·鲁琴斯（Edwin Lutyens, 1869—1944），被誉为"英国最伟大的建筑师"，在设计和建造新德里中扮演了重要角色。

第三章 统治陌生人 | 103

体现殖民政府的抽象化官僚体系的地方。然而还有许多其他途径能够远程治理大英帝国。1857 年的印度民族起义之后,殖民政府拉紧了拴在印度身上的缰绳,随之而来的是更加壮观的仪式场面以及极具号召力的个人统治形式的增加。与寇松勋爵(Lord Curzon)*在 1903 年为了庆祝爱德华七世的加冕而举办的仪式相比,因 1877 年维多利亚女王的"印度女皇"加冕礼而对杜尔巴(Durbar)**进行的帝国式重建则略显逊色。另外,尽管东印度公司长久以来都依赖于与几百个印度土邦王公(princely ruler)的联盟,后者统治了印度 1/3 的疆域,但他们的地位在 1858 年英国施行对印度的直接统治后反而更稳固了***;同年,这些土邦王公还被免除纳税,作为他们对印度军方的忠诚和支持的回报。尽管土邦王国会接受一些印度文官的建议,但他们仍然保留了独裁般的高度个人化统治模式。即便是那些推崇管理改革,主张开代表大会,促进卫生和教育基础建设的人,也采用了这种模式来扩大自己的个人权威。[33]

非直接统治和帝国的人格化不仅局限于印度。在开普殖民地(Cape Colony),英国人赋予科萨酋长(Xhosa chiefs)在处理其本族的习俗事务上的权威,但同时又试图通过殖民地总督的个人权

---

* 乔治·寇松(George Curzon,1859—1925),英国保守党政治家,1898—1905 年曾任印度总督,晚年自 1919 年至 1924 年任外相,曾在决定英国的政策方面起主要作用。
** 杜尔巴,原意指"波斯统治者的宫廷"。在英属印度时期,杜尔巴可以是一个由土邦掌权的封建议事厅,或只是一个纯粹的社交聚会。
*** 1858 年,东印度公司被解除行政权力。

威来实现帝国政府的权力。总督会通过下述活动来建立这种个人权威：带着随员在省内巡回访问，召集酋长开集会，指派在地代理员或专员到各个部落监督科萨和英国律法的执行状况（在谋杀、巫术和盗窃案件中，必须按英国律法处理）。而对哈里·史密斯爵士（Sir Harry Smith）而言，这些常规之事还远远不够。在他于1847年担任开普殖民地总督后，他创造出能彰显其权威地位的一系列个人领袖式的仪式，诸如让酋长们亲吻他的双脚，或赋予自己"大酋长"（*Inkoshi Enkulu*）的科萨族头衔。[34] 在19世纪的最后二十五年里，大英帝国急剧扩张，它也愈加依赖非直接的统治形式。从马来半岛到斐济，跨越非洲大陆，苏丹（sultans）*、国王、族长和部落酋长都被允许维持他们的个人权威以及他们民族的文化和宗教传统，作为回报，他们也要听从被安插在他们身边的英国代表的建议，如总督、在地将军或政府专员。尼日利亚总督卢吉勋爵曾在《双重任务》（*The Dual Mandate*，1922）中赞颂帝国统治体系并广为人知，他在书中有效地整理、编撰了一个多世纪以来，在许多殖民地都已被执行和采纳的条例。其中最为明显的便是，帝国政府为了巩固其总督和当地统治者的个人权威，而开始举办的浮华盛典和仪式。[35]

地区官吏的形象很好地说明了，殖民背景下权力的人格化永远也无法简单地取代官僚政府更为昂贵的不具人格的权力形式。地

---

* 阿拉伯语中的一个尊称，最初是阿拉伯语中的抽象名词"力量""治权""裁决权"，后来变为权力、统治。最后，它变为对一个特殊统治者的称号。

第三章　统治陌生人

区官吏是东印度公司创设的官职，他主要负责在各地区征税、维持律法和秩序，这些地区有时跨越4000平方英里。在官僚体系的等级制度中，他们从属于政府专员，后者则通过总督的省府秘书（provincial secretary）向其汇报工作，然而在实践中，关于地方自治的大量事宜都让与地区官吏负责，他们就是所谓的"在任者"（man on the spot）。这种情况也是意料之中的，因为印度文官队伍在最壮大的时候也只拥有千余名文官，这些人要治理超过3亿说着不同语言的印度人。英国殖民地公职机构试图将运用于印度的模式套用在非洲的地区官吏身上。非洲的地区官吏被训练为会计、地方经济和历史、犯罪和伊斯兰法律、卫生、勘测、人种学和语言方面的通才，他们在偏远的环境下工作，得不到太多的指导。1906年，每4.5万个尼日利亚人中就有一个欧洲文官；及至1914年，在372 674平方英里的疆域上，仅有252个地方官员。肯尼亚的情况也很类似，1909年在其224 960平方英里的土地上，只有120个地方官员在工作。他们应该在自己管辖的地区巡回访问，去"露露面"，收税，执行法律，主持仪式典礼，通过乡村集会、个人拜访和来往信件来了解群众的意愿。尽管与省级办公室和国家秘书处都有通信，但地区官员在非洲的工作并不是完全匿名的官僚模式。[36]

这些地方和个人统治的模式不仅仅限于大英帝国偏远的边缘地区。随着白厅的官僚势力在19世纪在英国蔓延，其广泛介入却不深入的特质使大多数法律都被采纳了，但这些法规仅仅在地方官吏选择使用时才会被落实。强制性的律法总是会被新的地方结构和主体所抵消。1834年颁布的《新济贫法》也许促使了一个重要的济贫法委员会及一支督察员队伍的成立，以确保法案的执行，但地方选出的"济贫法维护人"（poor law guardians）才是穷人救援物资真正的管理方。及至1860年，仅60%的地方联盟以法律要求建立了济贫院，即便是在19世纪90年代，76%的地区仍在采取"院外救济"（outdoor relief），这是《新济贫法》竭力希望根除的做法。济贫法维护人非常享受他们所拥有的巨大个人权力，常常以掌握穷人和地方境况的内部信息为豪。1894年后，对于竞选维护人一职不再有个人财产方面的要求，也不需要竞选人是治安法官或治安官，一人多次投票制（富人手上有多次投票权，而妇女没有投票权）也被废除了，这使得地方联盟的选举成为一项极为热烈的活动。类似地，为了执行国家义务教育的地方管理而于1870年成立的教育委员会——受到中央教育委员会和检查团的监管——也让地方层面上的政治开始富有生机。于是，在很多范围内，中央集权化的官僚国家重新激活了地方的政治结构。

此外，随着英国国家机关数量的激增，这些机关往往会委派当地专人执行任务。义务教育的执行要求督促就学官员（school attendance officers）不仅需要对他们居住区有详尽的了解，还要具备强大的说服能力、将孩童拖去就学的体能以及控诉失职父母的意愿。在20世纪初期，孩子成为不断扩大的国家干预的对象，这种干预几乎全部依靠公职人员——比如校医、家访护士和缓刑监督官——他们在社区内通过与家长及其子女面对面的交流来进行工

第三章 统治陌生人 | 107

作。与督察员相似,这些公职人员坚定地根据监护和纪律的新标准工作,但要达成这样的目标,除威压之外,也同样需要他们去劝服,即便从他们的工作日记和回忆录中我们可以得知,在他们面对那些父母和孩子时,蔑视与怜悯一样多。[37] 在很多情况下,如果没有这些地方的、人类的面孔来作为国家的代表,要想象在其新官僚权威之后的抽象程度是不可能的。

如此,我们就可以得出结论:从18世纪起,英国的官僚组织、抽象化的技术、物质基础建设的新形式都得到了发展,这使得权力和权威拥有了不具人格的样态,也使二者以很多新途径在更远的距离上不断扩张。及至19世纪中叶,这些创新催生了一个全新的、无疑是现代的国家类型,它既能支配一个陌生人社会,也能建立一个帝国政体,后者的影响前所未有地达到了全球性的范围。尽管官僚政府的这些不具人格的形态中有许多是首先在印度被发展起来,比如公正的文官系统,但现代国家并不是一个单纯的殖民产物。和7世纪起在中国出现的科举考试类似,殖民政府的新官僚形式常常被用于培训行政官员,后者则利用职务常常中饱私囊,将个人权力渗透进对中央标准和程序的执行中。这并不是说官僚和个人领袖式的权威形式必然是相对立的,因为这二者常常是相辅相成的。无论现代国家这个新的利维坦会变得多么巨大,不论政府机器的触手会伸向多远的范围,存在于建筑中、仪式上和人群里的新的个人领袖式权威也同样会彰显和生产专属于现代国家的权力。

第四章

与陌生人结盟

英国历史的一个奠基性的想象是认为英国创造了现代世界，因为是英国最先发展出了一个代议政治（representative politics）的体系和一个文明的社会，后者的公共辩论文化使得国家利维坦受到制约。1848年，当革命的炮火让欧洲大陆支离破碎，托马斯·巴宾顿·麦考利在其著作《英格兰历史》（*The History of England*）的最终卷里讲了一个故事，这个故事在20世纪晚期仍不断被尤尔根·哈贝马斯（Jürgen Habermas）重述，尽管效果不及当年。[1] 故事是这样的：18世纪启蒙的曙光在17世纪的剧烈冲突之后幡然而至，印刷文化的兴起推动了生机勃勃的结社生活（associational life）和智识生活（intellectual life），此二者最终导致了19世纪选举制度的改革，此后人民个体的意见成为可以胜过政府影响力和腐败的存在。如此，英国的代议制政治帮助其避免了革命的出现。毋庸置疑，这是一则讽刺故事，然而，如果我们不去看关于这一切是如何发生、何时发生的巧妙论述，这个故事倒的确捕捉到了至今仍扬扬自得的英国史学的本质。尽管如此，还是有很多人，要么坚持认为贵族权力的存在意味着国家并未完全进入代议制，要么强调文明社会的新形式决定了政治该如何被组织、运作和理解，这些规则使公民仍然无法脱离国家的束缚。[2]

英国是否或多或少民主化了（不论我们是如何理解"民主"二字的）？关于这个问题的辩论似乎并不能成为鉴定英国政治何时成为现代政治的方法。如果我们放弃那些传统论述，就有可能更清晰地理解英国的政治结构是如何从根本上发生了转变。这种转变发生时，它正面临一系列的挑战：英国人口的数量、流动性和匿名性不断增长，人口在整个大英帝国范围内不断增长。陌生人社会的出现和帝国政体的扩张意味着和国家权力一样，大众政治（popular politics）也再不能单靠熟悉的地方和个人网络就组织起来。现代社会以抽象化的新形式重组。印刷文化扮演着重要角色，它使陌生人将他们自身想象为一个基于认同感而非地理分区的共同体。投票的行为也发生了改变：选民资格不再由地方传统决定，而是参照全国统一的标准和程序，即所有选民都是匿名的个体，每个人的投票不再只局限于其社区。但在文明社会中，地方和个人形式从未完全消失，反而被那些不信任当下愈加抽象的政治运作模式之人积极地推动着。

陌生人组成的文明社会

显然，近代文明社会不仅仅植根于地方网络和当面接触。伦敦是唯一一个明显的例外。然而即便是在伦敦，咖啡屋的存在也表明人们仍然维持着密切的结社生活。17世纪晚期，咖啡屋最初开始盛行时，就成为一个核心地点，无论是朋友还是陌生人，都会在那里交换几乎所有东西（八卦、新闻、想法、商品、赌注，甚至专业服务），也会在那里形成新的生意关系、俱乐部和社团。及至1739年，伦敦共有551家咖啡屋。风靡一时的刊物《旁观者》（*Spectator*）（1711—1714）就是这种文化的产物。报刊刊名的这个虚构人物嘲弄地分析着都市的结社生活，利用其读者对特定地点、人物或特征的熟悉来吸引他们。随着伦敦人口的增长，城市中俱乐部和社团的数量也增加了，在1750年达到了约1000家。相反，在一些城市，如拥有5万人口的布里斯托，只有12种不同类型的社团，而在北安普顿这样仅有5000人居住的城市，更是只有3家俱乐部。[3] 18世纪上半叶，俱乐部和民办社团的数量突然增长，在该世纪下半叶，其数目更是呈指数上升。尽管其中许多组织都是不同的地方或区域网络的产物，但由于人口流动性上升，共济会、道德改革社团（moral reform societies）和卫理公会的分布更为广泛。比如说，旅行中的绅士会建立新的共济会分会，以巩固他们与需要会晤或有生意往来者的个人关系。及至1740年，英国共有180个共济会分会，到1800年它们已经遍布大英帝国的大部分角落：南亚、北美、加

第四章 与陌生人结盟 | 113

勒比、西非和南太平洋。一个世纪以后，至少已经有737个帝国分会（到1930年，仅在印度就有321个）。共济会会员声称通过以个人人脉为核心的关系网络扩张，它们已经在全球范围内建立了"一个超大关系链"，这绝没有夸张。[4]之后，当游历在外的卫理公会传教士和学徒希望从陌生的信徒或工匠处得到慰藉时，这种模式又被如法炮制。地方上的工匠常常组织俱乐部来探讨他们共同的兴趣，也会通过收容前来寻找工作机会的异乡人，以在地区之间建立起个人和组织上的联系。1800年以前，靠这种"超地方"（extra-local）的人际网络，共发展出17种行业。[5]然而，尽管有些国家和帝国网络较早成熟，英国的结社文化仍主要是由个人关系协调运作的，地方的团结性通常因宣誓和仪式而得到巩固。

要想跳出地方和地区，就需要一个正规的组织性结构，而不仅仅是个人人脉或关系。彼得·克拉克（Peter Clark）发现，18世纪晚期，非正式组织的地方俱乐部和社团慢慢转变为更正式的组织，它们开始拥有国家章程、收取会员费、发行俱乐部期刊，甚至有专门设置的会议厅。[6]互助会（Friendly society）就是一个很好的例子，及至1850年，英国的互助会已经拥有400万成员（成年男性人口的一半）。他们在新的城市中心扩散得最为迅速，催生了各种互惠形式，使陌生人也会对彼此尽朋友的义务。最大的兄弟会，怪人社（the Odd Fellows）长久以来都认为，这种义务最好是通过个人关系和仪式在地方上发展。官僚体系的正规化一定程度上压制了民间对全国性联合会的抵制。怪人社创立了他们自己的期刊，内容来自地方分会的报告,希望借此培养对国家性共同体的认同感。他们散发印有规章、祝酒词和布道词的手册,围绕各地方行政区建立了一个代议制组织机构,还举办年度会议,会议地点每年都不同。然而这个机构,或通过在地方分会举行仪式,或通过全国总部的领导人的访问,始终被置于地方和个人关系的重要性之上。[7]

19世纪初期,工会也逐渐被组织成地区分部的形式,它们有共同的规章,有总部,偶尔会召开地方代表会议。1824年对《结社法》(Combination Acts)的废除使更有效的国家通信和组织系统得以发展,跟着一起进步和完善的还有秘书和任选官员,以及行业报告和杂志。尽管如此,地方还是要负责收会费、分红利以及组织地区内的行动。19世纪下半叶,随着本地贸易委员会的增加,地方的重要性也愈加明显。跨行业的联合工会从19世纪50年代起才初具国家性组织的规模。成立于1850年的工程师联合会(Amalgamated Society of Engineers)在伦敦发展成了一个颇具规模的国家组织性机构,它收取会费,分发红利,由代表做决策。及至19世纪60年代,该机构已经发展了300个分会,拥有3万名会员。它让那些从未见过面的人,比如曼彻斯特的一名机械师和伯明翰的一名制模工,发现彼此作为工程师的共同喜好,由此他们便可能在某次争取提高酬劳和工作环境的国家标准的运动中联合起来,携手并进。[8]

结社文化的传播和正规化不仅限于不列颠诸岛的沿岸地区。自18世纪起,英国的体育运动随着移动的人口也遍及了帝国的各个地区，但一直要到19世纪60年代和70年代，一些重要机构才陆续成立，如足球协会（1863）、英式橄榄球联合会（1871）、草地网球协会（1888），随着这些组织机构的出现，体育比赛的规则才逐渐标准化。[9] 国际的比赛、规则和理事机构也很快正规化，有时甚至公然与英帝国的标准抗衡。因此，尽管在1886年，由英格兰、威尔士、苏格兰和爱尔兰的足球协会（FA）构成了国际足球协会理事会，但其竞争对手国际足球联合会（FIFA）也于1904年在巴黎成立了。

在政治文化中，这种超地方关系链的官僚化和正规化也是显而易见的。比如说，经过几个世纪的发展，请愿已经成为地方共同体用于要求君主为其平反冤屈或增其利益的一种手段。17世纪50年代，请愿书开始被付梓，这项行动也发展到了地方或地区之外，请愿书因而收集到了更多请愿者的签名：1640—1660年间，英国国内共有500份请愿书被上呈，上面共有2万个签名，这是前所未有的。及至17世纪80年代，请愿书的投递方向渐渐转向了议会（不再是君主），并且能够在请愿群体之外引起共鸣、产生公共效应。从那时起，英国每年大约会出现200次请愿活动。一个世纪之后，反对奴隶贸易的运动掀起了18世纪的请愿高潮。仅1792年一年，就有共500份请愿书，上面汇集了超过35万个签名。1838—1842年间也有一次请愿高峰，这期间英国每年平均有1.4万次请愿，其中，单单1842年的宪章运动请愿就收集了300万个签名。尽管在此之后，英国的请愿活动鲜有如此高峰，但在20世纪以前，请愿始终是一个关键性的机制,它从地方提取观念,又在彼此相隔千里的陌生人之间建立了新的纽带。

政治运动也经历了相似的变革。在18世纪60年代的"威克斯运动"(Wilkite movement)和19世纪40年代的宪章运动之间出现的运动,是英国最早的政治运动,它们在全国范围内的同步性极大程度上依赖于其领袖人物,如约翰·威克斯(John Wilkes)*和费格斯·奥康纳。"威克斯运动"在1769年达到高潮,5万人在请愿书上签字,当时英格兰大地上的各种俱乐部和协会都誓约予以援助,表示支持。[10] 将他们联系在一起的就是威克斯本人以及他所代表的自由事业:选举自由、新闻自由和出版议会辩论的权利。威克斯的支持者们给他寄去礼物,印刷他的肖像,将他的照片印在杯碟上,举杯时以他的名义祝酒,还会在他生日当天举行庆祝仪式。这场运动的超地方性质是由威克斯的个人魅力和名誉而产生的。国家通过颁布《危及治安集会处置法》(Seditious Meetings Act)(1794)、《叛逆法》(Treason Acts)(1795、1817)、《结社法》(Combinations Acts)(1799、1800、1825)以及《六条法令》(Six Acts)(1819)对"威克斯运动"进行压制。这些法案不可避免地削弱了18世纪80年代和19世纪头十年英国的通讯协会和宪法学会的组织革新,因为和1829—1832年改革危机中的政治同盟一样,这些组织也仍然需要个人领导来凝聚成员、组织全国范围内的运动——潘恩

---

* 约翰·威克斯(1725—1797),英国政论家、激进主义者、记者,1757年当选英国国会议员。

(Paine)、卡特莱特（Cartwright）、柯贝特（Cobbett）、亨特（Hunt），这一连串的名字就已说明一切。[11] 持续不断的运动和在英国不同地方的游历使这些领袖人物得以将本无关联的地方斗争和组织紧密地联系在一起。1839年宪章运动期间，据说奥康纳在仅仅一个月内就走了1500英里的路，在22个公众集会上演讲——通常每场演讲都要持续几小时。[12] 报纸也巩固了这种以个人领袖为核心的组织形式。正如威克斯和柯贝特分别就职于《北不列颠报》（North Briton）和《政治纪事报》（Political Register），奥康纳也是报纸《北方之星报》（Northern Star）的编辑。及至1839年，《北方之星报》的年销售量达到4万份，拥有30万读者群。其版面内容包括宪章派群体的地方活动报道、国内政治、读者来信和情感犯罪小说，这样的版面安排对于联系宪章运动在国内的各个"网点"十分有效。[13]

尽管以个人领袖为核心的组织模式从始至终都非常重要，但对于国家范围内的政治动员而言，官僚代议机构渐渐变得不可或缺。英国宪章运动的国家级的、正式的、有组织的构架，远远优于其过去的旧有形式。及至19世纪40年代末，宪章主义组织已经遍及了超过1000个地方，在1839年至1858年期间，这些地方分支不断派出代表参加国家宪章协会（National Charter Association）召开的年度会议。建立国家协会的经费来自组织成员们每个季度缴纳的两便士会费，会员卡会分发给成员，不论男女。[14] 不过，这种做法并非宪章派的独创，率先这样做的组织是反谷物法同盟（Anti-Corn

Law League）。和 1839 年的宪章派类似，反谷物法同盟也有由地方协会选出代表参与全国性活动的传统，由此还发展出了一套正规的章程（这种运作模式在 1842 年达到巅峰状态，316 个地方协会中，有 124 个都派出了代表）。该同盟建立了一个总部，有 15 名全职讲师和 20 名员工，经费来自捐赠和地方协会组织的筹资活动。及至 1843 年，同盟总部的员工团队已经能在一周时间内分发 100 万本宣传册——这还不算他们每周发行的《反谷物法传单》（*Anti-Corn Law Circular*）。他们还发展了一个在全国范围内被广泛接受的选举策略，主要针对已经开始使用 1832 年创建的全新选民登记册（Electoral Register）的候选人、选区和选民。500 万个装有宣传册的包裹被送到 200 个选区内的 100 万名选民手上，有些是通过邮政寄送，有些则是由 500 名分发员挨家挨户亲手送到的。利用"一便士邮政制"之便，反谷物法同盟一周要向一些特别筛选出的选民直接寄送 300 封信。这样的政治机器前所未有、无比强大。[15]

反谷物法同盟的存在预示了二十年后各种政治党派的国家组织的出现。1867 年和 1884 年，选民范围的戏剧化扩大让英国出现了 400 万名新的投票人，各个政治党派不得不互相抗衡，以争取这些选民的支持和忠诚。他们成立了能够动员选区内的地方分会的中央组织，以此来争取选票。首先，保守党中央办公厅（1870）和自由党中央协会（1874）——前身是自由党注册协会（1860）——开始协调和组织党派的竞选活动。由专业的党派代理人组成的新骨干队伍的壮大反映了这些组织的不断增长的影响力，他们会集中创作选举所需的文案。每个党派都拥有他们自己的专业组织和党派杂志，他们的代理人则成了中央党部的在地"疏通人"，负责登记选民并组织管理不断壮大的党内志愿者队伍。20 世纪初期，托利党已经拥有超过 400 名代理人，自由党也不甘落后，拥有 321 名。自由党出版部成立于 1887 年，该部门为 1892 年的大选生产了 1000 万份传单，三年后又为下一次大选生产了 2500 万份传单。1910 年举行了两次选举，自由党人分发了 4000 万份传单，保守党中央办公厅则分发了 4600 万份，传单漫天纷飞，800 万选民中的每一位平均收到了 10.75 份传单。海报也是统一生产的，两个党派在 1910 年一年内就张贴了超过 500 万张海报，不过小幅、廉价的地方小海报仍然随处可见。[16] 中央党部还制定了更复杂的党内纪律，从议会中要求投票的紧急命令（three-line whip）* 就可见一斑，议会也因此渐渐失去了其一度珍视的独立成员。[17]

　　这些强大的权力中枢有责任对其大众成员解释说明其运作——至少要提供一种说辞。这些大众成员是通过参加年度会议的地方协会组织起来的。保守党带头于 1867 年成立了全国保守党协会（National Union of Conservative Associations），该组织成为地方协会（及至 1873 年共有 44 个）的保护伞。十年之后，全国自由党联盟也成立了，到 1880 年为止仅有 77 个地方协会，但到 19 世纪末，其数量已经超过 200 个。[18] 两个党派都会召集地方代表开年度会议，但

---

*　又称"三线鞭令"，指英国政党领袖要求其议员必须参加投票和如何投票的书面通知。

前者在会议上的工作更多是动员地方支持者，而非倾听他们的声音——保守党人甚至为地方协会缺乏基本章程而感到庆幸。自由党最早的伯明翰分支要求会员每年缴纳 1 先令（或 12 便士），但这并不是其他地方分支的会员标准，在其他地方，提名推荐或誓约效忠就足够了。1883 年颁布的《腐败行为法》（Corrupt Practices Act）让各个政党不得不依赖于他们自己的志愿者在竞选中进行的工作，在这样的情况下，那些拥有积极的"会员群体"的活跃地方分会之角色就显得尤为重要。与其说这些志愿者是党派成员，倒不如说他们更像是激进分子，因为即便在政治化倾向最重的选区，这些人的数量加起来也不会超过总选民的 10%。[19] 尽管地方分支与中央党部关系密切，他们还是保有很大程度的自治性。即便是自由党地方分支也会选出他们自己的候选人，地方政治传统亦得到了很好的保护，因此要到第一次世界大战之后，在全国范围内统一的党派基色才渐渐稳固下来。的确，国家政党内部始终保有某些地方和区域的风格，比如兰卡郡的保守主义，伦敦波普勒（Poplar）和西约克郡的工党主义，西南部诸郡的自由主义。

个人领袖式的领导模式在国家政党的政治组织内仍然十分重要。威廉·格莱斯顿（William Gladstone）*和本杰明·迪斯雷利发展全国性的组织构架时，在他们自己的党派中独掌大权。格莱

---

* 威廉·格莱斯顿（1809—1898），英国自由党政治家，曾四度出任首相。

斯顿激情昂扬地演讲，他像讲述圣经故事一般描绘保加利亚暴行＊这类事件，他利用铁路和电报将自己的声音在更广泛的公众内扩散。格莱斯顿的这些做法可以说是全国自由党联盟的正统安排，但也是自由党内组织性"保留节目"的一部分。[20]这种解释也同样适用于社会民主联盟的亨利·海因德曼（Henry Hyndman）、工党领袖凯尔·哈迪（Keir Hardie）和拉姆齐·麦克唐纳（Ramsay MacDonald）。[21]当然，提到妇女参政运动以及1903年起妇女社会政治联盟（Women's Social and Political Union）中较为激进的一支，就不得不提到潘克斯特一家（Pankhursts）＊＊——领导英国女性解放运动简直成了她们家的家务事。[22]

不断正规化的国家性组织能够连接和动员远方的陌生人，结社文化和政治文化的重构正是围绕这样的组织而展开的。这种重构归功于对抽象理念的印刷以及印刷品的广泛传播。[23]印刷文化在构成英国文明社会的近代基础中扮演了重要角色。它不但推动了英格兰的宗教改革，还在17世纪20年代的"三十年战争"（Thirty Year War）＊＊＊和40年代的英国内战期间增加了人们对新闻的需求。[24]尽

＊ 指巴塔克大屠杀（Batak Massacre），1876年4月奥斯曼帝国对保加利亚人"四月起义"（April Uprising）的镇压，受害的保加利亚人数量范围在1200—7000人之间。

＊＊ 指英国政治家艾米琳·潘克斯特（Emmeline Pankhurst）和她的两个女儿，克丽丝塔贝尔（Christabel）及西尔维亚（Sylvia）。她们主张激进策略，领导了帮助英国女性赢得选举权的妇女参政运动。

＊＊＊ "三十年战争"（1618—1648），是由神圣罗马帝国的内战演变而成的全欧洲参与的一次大规模国际战争。这场战争是欧洲各国争夺利益、树立霸权以及宗教纠纷的产物。

管新闻印刷品自17世纪初期起就已经在市面流通，但1688年后他们的发行数量激增：伦敦的19种报纸每周出版共55期，其中包括1709年首次出现的日报。及至18世纪中叶，许多报纸已经开始通过邮政系统被寄往全国各地——1763年，超过100万份，1790年则超过450万份。诺维奇在1701年拥有了第一份地方报纸，不过到了1760年，就已经有35个地方在出版自己的报纸了。尽管如此，许多郡县仍然在苦苦等待伦敦的邮政马车载来的新闻。[25]18世纪初，英国一年仅能售出250万份报纸，但到世纪末时，每年的报纸销量已经达到1700万份，其中最后十年的增长速度最为迅猛，仅1792年和1793年两年时间就增加了300万份。19世纪又见证了一次报纸销量的飞跃。及至1844年，英国国内发行、售卖的报纸有将近5500万份。* 由于公司里会读报，阅览室里也可以借阅报纸，因此报纸的实际阅读量比它的流通量大得多——据估计，在19世纪20年代，平均每份伦敦报纸有30个人读过。不过，尽管伦敦的日报，如《泰晤士报》(*The Times*)和《纪事晨报》，都在全国范围内发售，但在19世纪40年代，这些报纸送达曼彻斯特仍需2天时间。直到1900年，《每日邮报》(*Daily Mail*)开始在伦敦和曼城同时印刷，这时候日报在全国范围内的年发行量才超过了100万份。及至1939年，英国几乎所有的国家日报都采取了双城印刷的模式，这让它们的总发行量达到了1150万份，英国超过16岁人口中的69%

---

* 原文误作5.5万份。

都是人手一份。[26]

地方报纸致力于将新闻置于地方背景下报道，随着这些地方报纸种类的增加，国家性报刊出现了。1701 年，英国只有一种地方周报，但到了 1854 年，地方报纸的品种已经增加到了 289 种，到 1907 年则上升至 1338 种（其中超过 100 种是日报）。地方报纸品种的增长稳定却不起眼，在 1760 年至 1847 年之间从 35 种增加至 230 种。及至 19 世纪 40 年代，利物浦的地方报刊还不到 12 种，而曼彻斯特《卫报》(Guardian) 和利兹《水星报》(Mercury) 都获得了全国性的声誉，二者销量达到 9000 份（每份报纸平均被 50—80 人阅读）。这些地方报纸的兴盛反映了文明社会中仍然影响深远的地方本质。它们刊载关于当地俱乐部、社团和慈善协会的活动，以及政治组织和官方机构（如教堂、法庭和市议会）的详尽报道。它们也会发出属于自己的独特声音，坚定地以地方视角报道事件，决不会简单地复制伦敦报纸的内容。1855 年《印花税法案》(Stamp Act) 被废除后，地方报刊的数量进一步激增：1877 年共有 938 种，1907 年共 1338 种。这是地方报刊的黄金时代，每个城市都有自己的报纸，反映出地方独有的政治流派和王朝。到了 19 世纪 70 年代，单是曼彻斯特的居民就能读到 23 种地方报纸。要到第一次世界大战结束之后，地方报纸的数量才开始逐渐减少（1921—1947 年间，其数量从 1915 种降至 1262 种），因为那时开始有新品种的国家报刊和地方无线电广播与它们竞争。[27]

报业也成为大英帝国新闻系统的一部分，它向帝国在远方的臣民们传送新闻。自 19 世纪初期起，一些殖民地就开始出版它们自己的英语报纸，这些报纸渐渐通过邮递传入了英国本土，其内容又被伦敦和其他郡县报纸吸收、登载。即便到了 19 世纪 50 年代，新闻在澳大利亚和英国本土之间的单程传送仍然需要 3 个月，尽管通过汽轮运输可以使时间缩短为 45 天。直到 19 世纪 70 年代，电报出现，才解决了这个问题。但是电报的费用实在贵得惊人，因此直到 1914 年，还有一名著名记者控诉，阻碍新闻和思想在帝国内传播的并非"距离导致的地理障碍"，而是商业利益。总部设立在伦敦的路透社就是那些既得利益集团之一。路透社的卡特尔协定（cartel agreements）为其争取到了对帝国网络内新闻传播的垄断权，这个网络在 1906 年涵盖了 50 个办公厅和 200 个员工。[28] 英联邦出版社联盟（Empire Press Union）于 1909 年创立，它通过英语报社之间的新闻交换来建立起一个帝国共同体。这些英语报社分布在世界各地，及至 1905 年，悉尼有 4 家日报，惠灵顿和奥克兰各有 2 家，开普敦有 3 家，比勒陀利亚* 有 3 家，索尔兹伯里** 有 2 家，金斯顿有 2 家，加尔各答有 6 家，马德拉斯有 4 家，多伦多有 6 家，香港和上海各有 4 家。[29] 如果说真的存在过一个帝国文明

---

*　比勒陀利亚（Petoria），位于南非豪登省（Gauteng）北部的城市，南非的行政首都。
**　索尔兹伯里（Salisbury），英格兰威尔特郡唯一的城市，位于威尔特郡东南部，索尔兹伯里平原边缘。

社会的话，那也是由这些报纸、新闻短片以及之后紧随而来的无线电广播促成的。第一次世界大战期间，英国政府执掌了"时事"（Topical）新闻短片公司，又通过邮政系统启动了"帝国无线电计划"（Imperial Wireless Scheme）。1932年，英国广播公司开播了"帝国电台"（Empire Service），该电台覆盖了大英帝国的短波中继站网络。[30] 正如18世纪和19世纪的印刷文化一样，广播媒体也通过概括不同人、不同地方的观念和思想，让一个充满了彼此相距甚远的陌生人的文明社会在想象中成为可能。

  民意调查的出现让文明社会的抽象化走向了最后一步。自18世纪晚期起，"民意"（public opinion）的概念就存在了，但1918年以后普选制度的最终确定又催生出对充分理解该制度的渴望；理解，从而能更好地领导和管理这些缺乏经验的人民。因此，政客和记者相信他们与民众的亲身接触能够让他们获得对民意的几乎直觉性的理解。另外，民意也并不是政治的指示物；政客认为他们的工作是去领导，而非顺应民意。第二次世界大战期间，英国采用了新的采样技巧和跟踪调研——部分学习了美国的盖洛普民意调查（Gallup）——来衡量士气，这意味着英国人的民意开始被量化了。1945年，"大众观测"（Mass Observation）和盖洛普民意调查对该年大选的调查预测结果"击败"了政客和记者的传统智慧，从那时起，民意调查获得了新的真实性和可信度。两年内，英国市场调研协会和美国民意调查协会相继成立；一二十年内，民意调查和衡量民意的量化手段在政治进程的经验和理解中占据了非常重要的位置。一旦体现于具体的个人和地方之上，包含于辩论和争吵之中，"意见"就会被抽象化为数值形式，在其中，多数人的观点就会成为主导。[31]

如果认为 20 世纪文明社会的重组是完全围绕抽象制度或官僚机构进行的，那就太单纯了。电声扩音器、即时重播的声音以及收音机和新闻短片中的音源让两次世界大战之间的岁月成为大规模集会和极具影响力的演讲的黄金年代。全国失业劳工运动（National Unemployed Workers Movement）自然也充分利用了传统的动员手段和新科技的影响。全国反饥饿示威游行刚开始时，几小群人从全国最偏远的一些角落来到伦敦，还带来了其他人的支持，他们于 1932 年在海德公园举行的最后一场示威游行吸引了 10 万人。同样，以个人领袖为核心的组织模式对 20 世纪 30 年代奥斯瓦德·莫斯利的英国法西斯主义联盟（British Union of Fascists）和 20 世纪 40 年代初期理查德·阿克兰的联邦党而言，仍然十分重要。不过，这种政治组织形式的"非常"特性渐渐变得明显了。政治文化，在广义上与结社生活类似，它在之前的几个世纪里渐渐适应了要在陌生人社会以及不断扩张的帝国政体中运作所面临的新挑战，因而被彻彻底底地重构了。印刷文化让人们得以对以情感、喜好分类的共同体进行想象，这些共同体的范围超越了地方和个人。但它们归根结底还是被逐渐正规化、官僚化的机构模式所维持、组织的。如果说上述现象初现于 18 世纪，那么在 19 世纪 30 年代，它无疑已经开始发芽成长，到 80 年代日臻成熟，到 90 年代甚至已经可以把公众

第四章　与陌生人结盟　　127

想象成抽象的数据了。尽管如此,在某种意义上,组织文明社会的不断抽象化和官僚化的手段仍然重新激活了结社和政治文化的地方与个人形式。

代表陌生人

英国的选举制度经过改革,也完全适应了陌生人社会,但其中也蕴含着一个类似的辩证关系。新的全国统一选民资格标准和具有明显个人色彩的候选人出现了,这套系统取代了每个选区不同的选民资格和认为投票是一种集体责任的观念。这让那些认为候选者代表的应该是共同体而非个体的人重新活跃了起来,因为引起了争议的是以下问题:投票是否应该以秘密、匿名的形式进行?选民是否要对他们的地方共同体负个人责任?

自13世纪起,英国的选举制度已经历了几百年断断续续的发展。许多英国选区以及它们在乡村和自治市镇的分区,都很"古老"。1831年,爱德华一世给予了超过一半的自治市(202个中的125个)选举权,尽管1430年起就一直采用"40先令业主投票资格"*(40-shiling freehold qualification)制度。17世纪,国会开始在政府架构中扮演一个更为重要的角色,而不断膨胀的财产价值使选民数量在1660年就增加到了30万人(英国总人口的6.6%)。此时,

---

* 指拥有永久地产或其地产直属国王且年收益超过40先令的人,可得到国会特许的投票权。

古代的代议机制获得了新的意义。但 17 世纪的选举有一些含混的、实验性的特质：谁能投票、谁不能投票的界限始终模棱两可；投票形式多种多样；票数高低不是决定选举结果的唯一标准，得票多未必能赢得选举。不过这些都不算很出乎意料，毕竟在 1642 年以前，几乎没有选区的选举是竞选制的（比如 1614 年，240 个选区中仅有 14 个是采取竞选模式的）。"选择"的过程——贵族们先选出候选人，而平民也都顺其意，鲜有反对——比真正的"选举"重要得多。[32]1689—1831 年间，英格兰和威尔士的选民人数几乎翻了一番，从 24 万人上升至 43.92 万人（尽管算上人口增长率，成年男子的选民比率还下降了一个百分点），因此，虽然非竞选制选举和竞选制选举的数量比是 2∶1，但选举过程还是围绕对利益和共同体的代理所展开的。[33] 这在一系列获得投票资格的不同标准，以及围绕拉票、投票和唱票展开的活动中体现得尤为明显，而这二者恰恰成了 19 世纪的改革家们所攻击的目标。

改良前的选举制度有太多的投票资格标准，这反映出"代表"这个概念的多样性和某种程度上的可塑性。在乡村，但凡固定资产的年收益达到 40 先令的人都可以投票，但在自治市镇，人们可以通过很多途径获得投票权：成为市政府的一员（可以是被上级挑选的，也可以是被民众推选的）、拥有特定财产、缴纳济贫税或成为荣誉市民（可以通过继承头衔、职业特权或是由市政府授予）。尽管这些条件赋予了不同类型（跨越了社会阶层）、不同数量的人投票权，但这都是为了让特定的群体得以代表其市镇——高级市政官、

第四章　与陌生人结盟　　129

荣誉市民、有产阶级或继承人。不论如何，旧有的选举制度遵循着一个理念：它所代表的政治主体是集体的、公有的。[34]

  这在选举的管理中尤为明显。人们通常期待候选人将其所代表的共同体当作一个整体，在选区中慷慨地举办娱乐活动、做慈善捐款或雇用竞选活动的员工，以此来"讨好"选民。后来被称为"贿赂"的行为在当时普遍被认为是很自然且合法的事，候选人可以通过这种行为来表示他们对自己所代表的共同体的承诺和支持。的确，候选人游说和拉票的对象，是作为整体存在的共同体，而不仅是单个的投票者，这个共同体会去考察竞选者是否有足够的能力去参与竞争或规避竞争。一旦竞选正式打响，就会开一场面向整个社区的"发布会"，这种场面总是非常戏剧化，且座无虚席，从此时起，几周来一直进行的竞选活动就要让位给为期数天的拉票活动。竞选都很喧闹——各式各样的演讲、嘈杂的游行、晚宴，还有没完没了的竞选宣传语张贴在每一个角落。参加竞选的候选者们都使出浑身解数来鼓动自己的选民（或者不让对手有动员选民的机会）。尽管投票者们早已准备好要将自己手中的一票卖给出价高者，但他们只在一种特定的文化经济下才会出售选票，即他们要扮演"供应商"（vendors）的角色，而不是单纯的被收买。所有的选票首先会确定"去向"，之后会有一次集中组织的竞选活动公开宣布投选结果，那些没有选举权的人也会聚集在这次活动中，发出他们的表示同意或异议的声音。许多人认为有选举权的人投出的选票代表了一些更宽泛的群体对他们的信任，如他们的地方社群、他们的行业、他们的

130 | 远方的陌生人：英国是如何成为现代国家的

党派或家庭，这些群体是他们真正应该代表的。选举人名册的出版进一步证明了这一点，它巨细靡遗地记录了谁将选票投给了谁，这样他们就会对自己的行为负责，因为那是公众对他们的信任。

1832年《选举法修正法案》（Reform Act）的颁布启动了一个进程，它缓慢却决然地改变了英国的选举制度。该法案并没有过分增加英国各地的选民数量：选民人口从51.6万增长至81.3万（即从总人口的5%升至7%），且最初的增长趋势在一代人的时间内就逐渐式微，而那些在旧制度下被赋予了投票权的人在制度革新后仍然能享有原来的权利，直到他们死去。然而，这项法案让"代表"的新概念浮现了出来，这种新概念反映在选举制度的统一性和正规性上。它试图将英国流动的、不断增长的人口视为需要考虑的因素，因此开始重新分配投票席位，将人口较稀疏的英国南部的投票名额分给北部的城市。这是因为南部一些臭名昭著的城镇，如杜尔维治（Dulwich）和古塞勒姆（Old Sarum），已经有名无实——几乎没有居民了，但这些城镇仍有12个左右的选民，每年要从中推选出2个国会议员（MP）*；相反，那些迅速发展起来的中心城市中，如曼彻斯特、伯明翰和利兹，却没有产生任何议员。尽管为了应对选区规模差异，政府采取"单名额"和"双名额"的处理办法，即给小

---

* 这种衰落的选区被称为"败地"（Rotten borough），几乎无人居住，"有的只剩几间草屋，有的已成荒丘，有的已被北海波涛淹没，却仍按惯例各选两个代表出席国会"。参见江宗植，《英国选举改革的历史回顾》，载《四川师范学院学报（哲学社会科学版）》，1995年，第5期。

选区一个代表名额、大选区两个代表名额。但这还是无法彻底解决问题，因为英国仍然有 35 个选民低于 35 人的选区，也有像利物浦这样拥有 1.1 万选民的城市，差距实在太大。选举制度的改革并不是为了让选民和国会议会成员的人数比率达到平衡，以使每个国民获得相同的代表权；相反，这种"再分配"是为了让议员更好地代表某些民族、共同体的利益。因此，分配给苏格兰和爱尔兰的议员名额会更多，而在分配 65 个新席位给自治城市的同时，也分配了相同数量的新席位给乡村郡县，让它们相互抵消，以此保证贵族利益不受损害。

《选举法修正法案》还肯定了一种因投票资格标准化而产生的新政治主体。首先，不像 1818 年、1819 年和 1831 年的法规允许妇女在教区选举中投票，1832 年的《选举法修正法案》首次明确指定选民"只能是男性"——1834 年的《新济贫法》和 1835 年的《市政改革法案》(Municipal Reform Act)也沿袭了这项规定。其次，该法案对选举权有效时限做了全新的统一限制（议会授出的选举权有效期为 1 年，而市政厅授出的有效期为 2.5 年），而那些在选举前 2.5 年内接受过贫穷救济的人会被剥夺投票资格。最后，住屋年租金达到 10 英镑的房主有选举权，这个统一且唯一的标准代替了改革前的选举制度中各式各样的特授选举权。[35] 也有许多类似的市级代议系统，1835 年的《市政改革法案》正式提出，所有纳税的男性居民都享有三年的投票权——这个标准在 178 家公司中实行，之后又进一步被 62 个（通常是迅速发展和工业化中的）市镇所采纳。这种选举资格的标准化让对以下两个问题的地方传统解释变得没有必要了：谁应该被代表？为什么要有国家规范？一种新的政治主体诞生了——因其财产而获得选举权的男人，人们认为财产能赋予其作为个体而独立思考并投票的能力。

选举程序围绕着这个新的政治主体被重塑了。1832年英国创建了选民登记册，以保证在选举前，选民的选举权就在法庭上得到检验，不必等到选举活动期间再去验证。教区监督员会整理出纳税人的名单，这些名单之后会由选区的选举监督官核对并出版，任何人对此有反对意见都可在法庭上提出，专门负责修订选民登记册的律师会听取陈述，再做定夺。投票的行为本身也发生了变化。整个投选过程的时间被减短为2天内的16个小时（1828年曾被减短为8天）。而由于一次选举活动现在只面向600个选民，因此活动不再在那种能聚集整个社群的大场地举行，在这种场合下，选民就必须对自己的选票负责。的确，很多举措都是为了不让选民受到来自党派的"不当影响"（undue influences），即参与"腐败"。实际上，任何影响都是"不当"的，因为选民如今要根据自己的想法和良心来做出投选的抉择。各式各样应对腐败的法案在（1806、1814、1818、1832、1841、1842年的）国会上被提出或否决，它们最终促使了1854年对"腐败行为"的明文禁止：投选过程的时间被再次缩短为一天，选举活动的开销要通过官方审计，贿赂、宴请或恐吓行为会遭到罚款。这些规定在1883年进一步升级，选举活动员工的雇用被禁止，选举活动的开销开始有上限，对违规行为有了

第四章　与陌生人结盟　　133

更加严厉的惩治（包括监禁和剥夺选举权或从政权七年）。在一代人的时间内，对腐败的新理解改变了选举行为，也让作为个人的投票者远离了党派的"不当影响"——这在过去完全被视为是自然且合理的。[36] 这标志着，选举已经从一种植根于地方和个人之间公共关系的行为，转变为了一种更加适应于一个匿名的陌生人社会的程序。

这种转变尤其体现在对无记名投票的采用上。《新济贫法》和《市议会组织法令》（Municipal Corporations Acts）最先开始了对不同类型的私密投票的实验。选票卡的设计因地区而异，这些卡片被分发到选民家中，后者填毕后可以亲自或通过邮寄投递，也可以等到两天后，由政府特别雇用的代理人上门收集。投票的私密性——而不是秘密性——是最关键的部分。1870年，学校董事会选举首次采用了无记名投票，1872年，市政和国会的选举也纷纷效仿。[37] 沿袭了自1856年起开始投入使用的澳大利亚投票亭模型，英国的新私人投票站的设计保证了所有投票会被保密，以及投票人（终于）是匿名的。每4英里设有一个投票站，供150个选民使用。这些投票点里附有明确的指示，提醒选民必须要对自己的选票保密，在投票完毕后尽快离开，且任何人一旦被发现"打扰"其他选民，将被即刻逐出。尽管有些人抗议这样太不人性化、太不"英式"，但这个提案通过后一直使用了八年，并在之后的每一年里被持续更新和修订。1880年英国选举期间，约有3.5万个选民表示不会读写，需要监票秘书来帮他们填投票卡（因此他们的选票不再是保密的），

134 | 远方的陌生人：英国是如何成为现代国家的

但总体上，在无记名投票最初实施阶段中出现的问题可以说少之又少，这个投票形式在 1918 年被确定永久使用。长久以来，选举文化都是围绕着"面对面"的个人关系展开的，并且以实质代表制（virtual representation）和公共责任为核心信条。在这样的文化背景下，秘密投票始终是个禁忌般的存在，而如今，它终于被国家采纳，被国民接受了。

尽管如此，选民作为个体化的、匿名的政治主体的概念，仍然无法完全摆脱旧有选举制度中的集体精神和个人关系。无记名投票远未摒除"影响的政治"（the politics of influence），它试图"维持一种被社会认同的、合法的形态"。[38] 当然，小市镇的工厂主们，和乡村地产的地主一样，不断地怂恿他们的员工参与投票，并用派对、野餐、休假和节日宴会款待他们。进入 20 世纪后，贵族家庭，如兰卡郡的德比家，还仍然是一些选区的赞助人，他们企图通过在各种途径的慷慨资助，来巩固自己家族的影响力——比如出资在这里建幢楼，在那里建座公园之类的。1872 年以后，仍然有 20%—30% 的议员席位是无人竞争的，要到 1918 年之后，法律才规定各选区必须举办竞选。在新的反腐法规下，一种比较隐蔽的"影响的政治"也还在打擦边球。1883 年以后，政党代理人的权威性在很大程度上取决于他们对选举法的了解程度，以及他们篡改、歪曲法律的能力。法律禁止"雇用"党派员工之后，拉拢选区中的选民成了当务之急，候选者通常会向地方慈善机构捐款、资助地方活动，而任期内的议员在选举活动之外的时间里也可随时这么做。第一次世界大战以前，英国的已知选区共有 28 个，主要位于南部的小型自治市，因腐败而臭名昭著，且这些旧习难改。哪怕是在 20 世纪 50 年代，地方的保守派候选人还是会光顾我祖父在苏塞克斯开的酒吧，为在场的所有人买一两轮酒。不论是无记名投票还是《腐败行为法案》(Corrupt Practices Act)，都无法根除影响的政治。一种试图平衡团体影响和利益的选举文化，与为了隔离、个体化选民而设计的改良体制相互交叠着。

这种团体精神不只是旧式选举制度的残余，1885 年颁布的《议席再分配法案》(Redistribution Act) 在推行单议席选区政策时遭遇的失败就印证了这一事实（仍有 24 个双议席选区）。一些人主张比例代表制* 或选区平等以确保每一张选票都有同等的分量和价值；还有一些人坚决维护双议席选区的保留，因为后者代表了重要的历史共同体。然而《议席再分配法案》既没有响应前者的要求，也没有满足后者。大城市的外围被随意分割成一系列面积大致相当的区域，代表特定共同体的这种团体模式大行其道。因此不论是单议席选区还是双议席选区，彼此间都存在着巨大的规模差异。代表制的这种团体模式得到了亨利·梅因的公共社会理论以及 19 世纪 70 年代和 80 年代的理想主义者的支持，并被 1918 年的《人民代表法案》(Representation of the Peoples Act) 进一步巩固了[39]。该法案提出，所有男性公民和超过 30 岁的女性公民拥有选举权，还保留了 10 个

---

* 即按参选各党派的得票比例分配席位。

双议席选区，并让单议席选区保持原先在大小上的巨大差异，因为这可以体现它们作为共同体的历史完整性。法案还保留和扩展了"多重投票"*（plural voting）的形式，这体现于企业和大学成员的选举权。[40] 大学选举权允许一些学校的毕业生从他们自己的成员中投选出代表，同时也可以在他们各自的"家乡"选区投票，《人民代表法案》使它所覆盖的范围得到了延伸：有 21 所大学共获得了 15 席，且所有毕业生都能参与投票（不再局限于拥有文科硕士学位的学生）。由财产和教育来衡量的集体利益甚至优先于男性普选权。[41]

代表制的集体或公共模型的"重生"在晚期殖民社会中也尤为明显。印度从 1909 年引入代议制，在 1919 年和 1935 年对其进行改良（到 1935 年，印度选民数量已经增长至 3000 万人，占其成年男性总人口的 1/6）。印度的代议制是围绕不同的共同体而设计的，诸如宗教、种姓和部落——英国人认为印度社会即是由这些共同体构成的。选民根据共同体类别进行划分，每种类别都有各自预留的席位。这就使得不同群体的利益都能得到平衡。王侯贵胄和帝国官方指定的代表不断影响着这些共同体，同时还渗透进了印度民族主义者统一体的内部，使后者难以进一步发动改革或独立。[42] 20 世纪 20 年代和 30 年代期间开始在肯尼亚投入使用的选举体制规定，当地的不同种族群体——白人、阿拉伯人、印度人和数量很少的非洲

---

* 即一人可在多个选区内投票。

第四章　与陌生人结盟　｜　137

人——内部，应进行选民分类，并使用不同的代议系统。的确，单单是肯尼亚的印度人，就分成了五种不同的选民群体！类似的政策也在由部落和宗教构成的公共代表体系中实行了，比如1921—1957年间英属尼日利亚也颁布了各种相关章法；在印度，也仍要为总督、长官和当局所"指定"的代表预留席位。

重要的是，晚期的殖民地选举制度也吸收了英国选举文化中最新的"个人化"模式。戴维·吉尔马丁（David Gilmartin）曾强调过，自1919年起，印度的选举法律开始区分投票个人所受到的自然影响和"不当影响"，并包含了与无记名投票相关的条款，还完全照搬了1883年英国针对腐败行为颁布的法案的所有条款（以及标题）。这么做的目的是让选民能够作为独立的个体进行投票，保证他们不受贿赂和其他腐败行为的影响，且能够真正代表他们所属的特定共同体。为了达到这个目的，印度各省份会在两种投票体系中选择一种，但不论哪种都违背了投票的"私密性"原则：一种允许监票秘书帮助那些号称不会读写的选民投票；另一种使用不同颜色的投票箱来代表每个候选人。尽管这两种选举体制日后都被晚期帝国的各个国家所采用——尼日利亚、乌干达、肯尼亚、英属圭亚那、桑给巴尔（Zanzibar）和苏丹采用了前一种，坦噶尼喀（Tanganyika）和黄金海岸采用了后一种——但二者似乎都没能成功地将选民"个人化"。因此，在20世纪50年代晚期，坦噶尼喀的英国官员一度非常挫败，因为他们希望通过无记名投票来现代化这个国家的代议制体系的尝试失败了，他们没能消除选民的"团体忠诚"（coporate loyalties）。[43] 不过，如我们所见，政治主体的公共形式和个人形式之间的拉扯并不是殖民地的产物，它直接来自英国的选举体制，殖民社会学仅仅为其提供了一点支持。

今天的西方领导人常常认为，只有践行某种民主模式才算得上是步入现代了。然而，我在此对英国文明社会及选举制度的发展所做的解释证明了西方的民主是在特定的文化和历史背景下出现的，而这些背景的偶然性、特殊性和历史性却常常被人们遗忘。[44] 我试图展现的，并非一个自由英勇的改革者的历史，也非一个讲述意识形态斗争的历史；我希望揭示的是，结盟和代表的政治是如何以不同的方式被重构，而最终在陌生人社会和不断扩张的帝国政体中运作的。这不是因果论。我不认为重组英国文明社会及选举制度的那些抽象的、官僚的新模式仅仅源于英国不断增长的人口和扩大的帝国规模。我的观点是，这些条件不仅为18世纪以前主要围绕地方和个人关系展开的结盟和代表活动带来了新的挑战，还赋予了远方的陌生人以新的限制和可能性——关于他们会被如何想象、如何组织，作为政治主体会被如何代表，等等。很显然，这种重构不会发生在旦夕之间，也不会发生于一天、一个月、一年甚至十年之间。如果说在18世纪晚期和19世纪早期，英国第一次向一个更加正规的、不具人格的以及"超地方"的文明社会迈出步伐，那么，从19世纪30年代到80年代这段时间，就是英国真正"稳住脚步"的时间，且直到20世纪上半叶，这种向前的节奏还在不断被巩固、加强。正是在这个过程中，我们再三地看到政治领袖、地方报刊，

第四章　与陌生人结盟　│　139

以及对选举体制的团体理解通过各种方式，重新激活了地方和个人的结盟及代表形式。

第五章

陌生人经济

英国的现代性常常被与一个事件联系在一起：工业革命。艾瑞克·霍布斯鲍姆（Eric Hobsbawm）将其描述为几乎是"在世界历史记载中，人类生活的根本性转变"[1]。也很少有人质疑工业革命这个世界性的历史事件是最先发生在英国的。这不仅仅是英国人的自负。海外的观察者，如让－巴蒂斯特·萨伊（Jean-Baptiste Say）和杰罗姆·布朗基（Jerome Blanqui），创造了"工业革命"这个术语来描述19世纪20年代和30年代发生在英国的经济转型；马克思也强调过英国的工业资本主义的独特历史形态。[2] 不过，要直到19世纪80年代，因为阿诺德·汤因比（Arnold Toynbee）用这个术语描述在1780—1830年间生产的机械化、劳动的分工和现金交易关系的胜利，才使这个术语成为我们常识的一部分。自那时起，经济历史学家就开始追问，为何英国是第一个卷入工业革命的国家？它在何时、何地发生？这个过程的本质和效果是什么？[3]这个引人瞩目的研究团队始终认为，工业革命不仅宣告了现代世界的到来，还决定了我们现代社会和政治的境况。

与之相反，我赞成另一些人的主张，他们逆转了解释的浪头，认为社会组织的变化模式预示着经济大转型（即工业资本主义）的到来。[4]简单来说，就是我认为亚当·斯密错了。斯密相信商业活动的增加创造了陌生人社会，而我则认为陌生人社会重构了经济生活中的行为。长久以来，经济生活都是围绕着地方市场和与认识且信赖之人的当面交易而展开的，然而逐渐分散、城市化的人口持续且迅速的增长，为这种经济生活的运作带来了新的挑战。为了促成陌生人之间跨越远距离的交易，市场信息通过印刷品，从人和地方被提取并抽象化。此外，通过印刷，交易的各种形式——不论是公司的法律地位、货币的使用，还是度量衡单位——都被标准化了，因而信任关系的重心由与谁做生意让渡给了如何做生意。正如这些过程改变了经济生活的行为模式，它们也使市场成了名为"经济"的单一实体的一部分。所谓"经济"，具有系统性的特质，可在不同的国家和国际空间中规划。

尽管如此，进入20世纪以后，个人关系，比如贸易与结盟的地方及区域网络，仍然对市场有着重要的影响。这可能在劳方与资方市场体现得最为明显。在这种市场中，小规模手工生产往往与专制型的工厂并存，信贷和资本投资仍然依赖于个人人脉、声誉和关系。但这并不仅仅是过去时代的残留，为了应对经济生活的匿名性与抽象性，交易关系被重新个人化了。经济生活的新样式，即我们后来所称的工业资本主义，将交易行为从原有的社会关系中剥离、提取，并将之置入新的社会关系中，令人惊讶的是，后者却以更"传统"的样式呈现。

从个人和地方中"提取"市场

1750 年以前，市场就已经存在了几个世纪了。尽管其中的大多数都被置于特定的地点，并通过个人关系运作——人们始终认识他们交易、投资、借贷或工作的对象——但到了近代时期，陌生人之间进行的洲际贸易就已经普遍为人们所知和接受了。由于海上或陆路运输速度慢且耗价高，因此这样的贸易基本上就局限于高价、质轻的货物，如丝绸、香料或钻石。这种在陌生人之间进行的洲际贸易依赖于两个因素：信任自己族人的流散或游牧商人群体，以及在成熟的贸易路径上为商人提供庇护和居所的政治与物质基础设施。地方特有的法律系统和特别法庭促进了公约的形成和发展，这些公约和惯例能有效地管理、调节家庭成员与投资伙伴之间的合作关系，这就好比共享市场信息和市场激励能促进商人与他们远方的代理人之间的交易。不过，尽管人们认为"不具人格的交易"或"匿名资本主义"在中世纪晚期就出现了，但与其在 18 世纪和 19 世纪相比，规模实在是小得多了。[5]

跨洲和跨地区的贸易最初是在 17 世纪晚期的英国蓬勃发展起

来的。羊毛始终是出口到欧陆的主要货物,但英国不断扩张的帝国网络横跨了大西洋世界,直达亚洲,这使得新的进口商品的种类快速增长(如糖、烟草和布料),其中大部分货物又被再次出口到欧洲,或者随着奴隶交易,从非洲被直接运往加勒比和美洲地区。[6] 从美洲出产的银块的流通使这些交易成为可能,但它们也依赖于贸易网络的延伸。贸易网络可通过两种路径扩展:一种是皇家"授权"可以在某个地区进行垄断贸易的合资股份公司,如远东公司(Levant Company,1580)、东印度公司(1599)、哈德逊湾公司(Hudson's Bay Company,1670)、英国皇家非洲公司(Royal African Company,1672)和南海公司(South Sea Company,1711);另一种是通过商人。正是这些商人和公司催生了具有革新意义的体系,以组织远距离贸易、解决经济学家所谓的"委托代理"问题——即创造了全新的体系和激励形式,以保证远方的陌生人都能为他们雇主的利益考虑和行动。

英国的公路和运河网络在 18 世纪下半叶逐渐成型,在那之前,英国境内的跨地区贸易还局限于像羊毛、煤炭、谷物这类可以沿海岸和内陆河流网络运输的商品。随着货物运输的速度增加、成本降低,商人们可以通过不同的方式扩大他们的贸易版图,进而改变了整个市场的运作方式。以谷物交易为例:农民将收货的作物带去最近的市集,在那里,当地的磨坊主、零售商和居民在购买之前就能验货,这已经成为一种惯例。这些地方市集往往能够调控谁能购买、以何种顺序购买——居民优先,其次是磨坊主,最后是零售商和批发商，如此来确保那些大量购入商品的买方不会因出价高而将当地居民挤出交易市场。18世纪下半叶，远距离运输谷物的价格有所下降，城市人口增长，因此农民和商人开始成为卖方市场的主宰。农民不再将他们的全部收获物都运往地方居民的市集，供他验货，取而代之的是，他们会带一些小的样品去，因为他们知道对于对货物有着大需求量的磨坊主和商人而言，这些样本就足够了，后者会在该地区以外的地方，以更高的价格出售在此买到的谷物。这种交易形式就促成了一种全新的现金经济（cash economy）：在与当地居民的交易里，支付方式通常是以物易物，或通过支付现金和代券；相反，农民从商人处收到的是新的纸钞，钱被预存于银行中，银行又能再将这些钱投入信贷流通。[7]

尽管如此，向以现金交易和远距离贸易为特点的市场的过渡并没有迎来交易的不具人格的形式。对那些在17和18世纪投身于商品贸易、股市或金融产业的人而言，市场并不是一个抽象的空间，而是一个具体的地方，在那里个人关系、声誉和知识都十分重要。英国皇家交易所（the Royal Exchange）建于16世纪晚期，地处伦敦城的中心，它是商人们参与英国蓬勃发展的跨地区和跨洲贸易网络的唯一场所。到了18世纪，商业活动已经变得十分密集且多样化，以至于一些区域及其周边街道都与特定的商品贸易或地区贸易紧密相连。商人必须得知道什么人在哪里做什么生意。一个商人一旦掌握、记忆了这些烦琐复杂的细节，就会声名远扬。如果人们认为他值得信赖——即他所掌握的商业知识精准且实用，那他的产品

第五章　陌生人经济　｜　147

的质量就有保障，他的声望就会广为人知——那么顾客、信息以及（对贸易而言必不可缺的）声望就会源源不断地向他涌来。尽管市面上开始出现一些指南手册，用于解释交易中的各种传统和惯例，但仍然是个人声誉、信息流和面对面的人际关系主导了交易。[8]

伦敦新兴出现的股票市场也有相同的境况。1688年以前，全部15家股份公司的股票交易都很少发生，而且一般是个人对个人的私下交易，不需要买卖经纪人。随着新兴的大规模国内企业——如银行和自来水公司——开始需求更大的资本储备，股份公司的数量在1695年增长至150家，股票交易的规模也扩大了。[9]尽管羽翼未丰的金融报刊已经开始记录股价，这方面内容的刊载还是不常见，因此投资者和经纪人仍然需要依赖一种地方的会话文化，以便为每日的交易收集及时的、准确的信息。[10]伦敦城内的咖啡屋和密集交错的街巷网络就是这些口授信息的重要的流通和传播场所，人们在这些地方会获知关于股票、价格的资讯，还有更一般的、关于商品及证券的知识。然而，在这个城市陌生人的"大杂烩"里，人们愈加难以辨别可以信赖的对象，也更加努力地想要将股票市场设定为一个可以控制交易者出入的地方。1761年，一群经理人每天租下乔纳森咖啡屋三小时，用以提供交易信息，而想要"入会"或进入市场的人，就要向他们缴纳年费。1772年，一个向全民开放的日收费股票市场在斯韦廷斯巷（Sweetings Alley）开张，但它没能把握住对所有交易的垄断权（比如，英格兰圆厅银行就主宰了证券交易）。向一个封闭市场转变的最后阶段发生在1801年，彼时经纪人每年必须要缴纳一笔相当可观的年费（10几尼*），还要密切注意由一个管理机构制定的各种规章制度，这个管理机构会考察新的交易者和职员，以确保他们信得过。[11] 把股市变成一个俱乐部，使其只对那些声誉有保证的人开放，这很好地解决了与陌生人做生意会遇到的信任问题。不过经济学家约尔·莫基尔（Joel Mokyr）是对的，他认为，在1800年，资本市场"仍然建立在个人关系和声誉的基础上"，但它们已经开始正规化和系统化了。[12]

讽刺的是，拥有稠密的个人网络和关系的股票市场，随着公司模式——股份公司——的不断扩大，渐渐与一种不具人格的新型交易形式取得了最为紧密的联系。尽管在1688年以后，如果股份公司的运营是以公众利益为目标的，英国国会就认可其"集团"地位，但这项许可程序十分繁复、昂贵，因此一种新型的非法人股份有限公司如雨后春笋般涌现，这种公司以多方合伙的形式运作。也正是这些公司导致了"南海泡沫"事件**，它们在1720年被宣告违法。整个19世纪，股份公司因煽动投机热潮、垄断贸易、无法在破产后赔偿损失或向股东交代而备受诟病。1825年对《泡沫法令》

---

* 一种英国货币单位，1几尼为21先令。——编者注

** 英国在1720年发生的一次经济泡沫。成立于1711年的南海公司在夸大业务前景及进行舞弊的情况下被外界看好，到1720年，南海公司更透过贿赂政府，向英国国会推出以南海股票换取国债的计划，促使南海公司股票大受追捧，全民疯狂炒股。然而，市场上随即出现不少"泡沫公司"浑水摸鱼，试图趁南海股价上升分一杯羹。为规管这些不法公司的出现，英国国会在同年6月通过《泡沫法令》（Bubble Act），炒股热潮随之减退，并连带触发南海公司股价暴跌，不少人血本无归。

第五章　陌生人经济　　149

的废除掀起了伴有盛衰周期的投机新浪潮,欺骗性的宣传和推广更扩大了这股浪潮的势头。而1844年的《公司法》(Companies Act)则试图限制公司的负债额度、出台关于公司应承担责任的新标准,以此来保护投资者。长期以来一直遭唾骂的股份公司形式虽然获得了显而易见的胜利,却没有得到普遍的认可和接受。许多人仍然相信,对于这个通过个人的信任关系和合伙关系中的问责性质而得以维系的商业世界,他们有能力将其瓦解。正如《泰晤士报》所发出的哀叹:这宣告了一个新社会的出现,"在其中,友谊、能力、知识、教育、品格、信用,甚至经济价值几乎统统都被忽略了。而金钱,衡量人与人之间共同利益的唯一标准,也是经营者之间唯一的纽带"。[13]《公司法》试图让正规的机构取代这些问责制的个人交易形式,因为前者能使上市公司向潜在的投资者和股东都开放。然而这套规章在1855年被废除了。尽管在1867年和1890年政府对《公司法》又做了修订,但直到1900年它才重新成为强制性律法,要求所有公司都必须公开审计账目。无疑,这是因为股东的范围(不论从社会角度还是从地理角度而言)愈加扩大,上市公司的规模和复杂性也不断增长,及至1901年,全英国已经有6000家上市公司。即便如此,这也仅代表了所有英国企业的一小部分:在1885年,95%的英国企业仍为私人合伙企业。《泰晤士报》在1844年对于不具人格的、匿名的资本主义的哀叹,在某种意义上有些言之过早了。[14]

这些私人公司的管理也仍然是高度个人化的。自18世纪晚期起，纺织工厂和工程工厂就一直在尽力解决那些大型的、复杂的或地理位置十分分散的企业都会面临的组织问题。像韦奇伍德（Wedgewood）、博尔顿（Boulton）和瓦特（Watt）这些富有革新精神的员工，开创了集中化生产的新系统、新的劳动分工和工资结构、新的工人作息时间安排、成本计算的新方法、能控制质量的全新标准化生产模式——每一项成果都适用于远距离外的或是完全不同的车间。尽管自19世纪30年代起，一些印刷刊物就已经高度评价过这些技术，但大部分公司仍然由独立的经营者主导，相比系统性的管理模式，他们更青睐个人独断的管理。[15] 在管理的个人艺术中，对员工品格的判断以及从工作经验中学习是十分重要的。独立经营者通常更信赖人，而不是系统，他们会委任亲戚为不同车间的经理，有时还会配以一个信得过的工头或工厂经理。商业历史学家一般认为，在20世纪初期以前，英国的管理方式或企业组织中非常缺乏创新的成分。有一些企业，比如铁路公司，它们在地理上很分散，拥有极高的资本投资，而投资者却无心管理。这样的企业就会使用系统化的管理模式，其中包括采用新的成本和售价控制、将责任分配给地方或区域分部、让全系统的各层级定期汇报信息。作为一种科学方法的德国式管理，要等到19世纪末、20世纪初的并购狂潮过去之后才被引入英国，它帮助许多公司大幅扩大了规模。在第一次世界大战期间，由英国军需部协调组织的军事装备生产拥有庞大的规模，像帝国化学工业（Imperial Chemical Industries，简称"ICI"）（1926）和联合利华（Unilever）（1930）这样的企业巨

第五章 陌生人经济

头也开始崭露头角。尽管如此，我们仍然应该注意到，到1898年，每个工厂平均还只雇用30名工人，及至1907年，全英拥有超过3000名正式员工的公司只有100家，仅占全国劳动人口总数的5%。[16]小型的私人公司仍然是英国企业的常态，因此，企业仍然维持着高度个人化的管理模式，这也不足为奇了。

纵观整个19世纪，我们会发现，个人关系不仅仅是经济生活的关键因素，往往还成为适应在陌生人社会中生活、工作和生意的新环境的一种定式。正如约尔·莫基尔所观察到的，经济的特性在1700—1850年间被深刻地改变了："人们不仅要购买他们日常所需的面包、衣物和房屋，还会出售他们的劳动、将他们的积蓄投资于市场——即在经济生活的方方面面都会与陌生人交易。"[17]组成这种经济生活的因素有很多，但随着国家和文明社会的转型，印刷文化和新的通信系统成了最基本、重要的成分。新的通信系统——从信件书写到账目和归档系统，到新闻和指南的印刷物，再到电报和电话——从地方和个人处提取经济知识，再跨越更远的距离，以愈加快捷的速度，将其散播至各地，以各种方式促成陌生人之间的交易，而这些陌生人甚至可能永远不会见面。

这在金融市场中最为明显。17世纪期间，欧洲的主要商业城市——阿姆斯特丹、安特卫普*、汉堡和伦敦——都公开了（有时甚至用多种语言发布）入港报表（即在它们港口进口的重要货物清

---

* 安特卫普（Antwerp），比利时城市。

单)、行市表(货物价格)、海运清单(记录了船只及其货物)、汇率(外币兑换价格)。[18] 伦敦在 1619 年首次公开了入港报表,但当国家在 1695 年禁止了这种信息的发布后,随即出现了新兴出版物繁荣发展的景象。与海运企业以及股市、证券交易紧密相连的咖啡屋就是这些新兴出版物的发起方:在《劳埃德新闻》(*Lloyd's News*,1696)之后,加拉维(Garraway)的《交易及其他》(*The Course of Exchange and Other Things*,1697)也迅速创刊。这些报纸的主要内容是价格和货物,每周出版一或两次(通过手动或邮政订购来递送),它们的主要受众不是伦敦城内那些用于日常交易的咖啡屋,而是一些想要及时了解资讯的更偏远的地区,其中包括北美殖民地。[19] 地方的港口和交易所发布他们自己的行市表和入港报表:布里斯托从 18 世纪 40 年代开始,利物浦从 60 年代开始,这些信息渐渐也被纳入了地方报纸,和更一般的"交易评论"登载在一个版面上。[20] 指南和说明手册类的出版物也开始激增——尤其涉及最棘手的利率计算方面的,其目标读者就是那些胸怀大志的生意人,他们亟须理解伦敦商贸世界的暗语黑话以及不成文的规则。[21] 尽管 18 世纪期间关于商贸资讯的印刷品散布的范围不断扩大,但其传送的速度有限,这意味着它的功用仍囿于向远方读者通报市场走势。实际的贸易仍然需要人们在具象的市场中当面进行。

直到 19 世纪,印刷文化才真正做到从个人关系和市场的实际地点中分离、提取资讯。19 世纪 20 年代,《纪事晨报》首开先河,成为第一家定期做"城市报告"的报纸。《泰晤士报》紧随其后,新开专栏"金钱、市场和城市智慧",多亏了其主编托马斯·阿尔萨吉(Thomas Alsager)*的个人声望,该栏目成为该领域的权威消息来源。与这些日报上的报告一起出现在印刷市场中的,还有专为某些特定市场"量身打造"的专业期刊,比如《银行家报单》(*Circular to Bankers*, 1882) 或《屋报》(*Estates Gazette*, 1885),这类刊物数量不断增加,但通常都是昙花一现。[22] 商贸新闻业从单纯地印刷资讯清单转而开始描述市场活动,此时它不仅要提取和散布资讯,还兼备整理和诠释这些资讯的功能。《经济学人》(*The Economist*) 杂志就很好地体现了这一点。这份杂志在1843年作为反谷物法同盟的机关刊物而创刊,它首次提供了英国所有市场活动的全景概要,由此便产生了一个独立的领域——"经济"。在1847年,《经济学人》的发行量接近4500份,达到了一个顶峰,其成功和声望不仅可以从订阅人数上看出,还体现在其资讯之精准、分析之犀利。而这二者都要归功于其常驻编辑白芝浩的名声,1860年他岳父,即《经济学人》创刊人过世后,他就继任了这个职位。白芝浩利用自己在伦敦城内的声誉和人脉来获取关于市场的知识和信息,再将之提炼、梳理成更系统的文本并付梓。在他的领导下,《经济学人》开发了物价指数,后者可以跟踪记录产量和价值的百分比变化,以此来辨识自19世纪70年代以降的商业周期。[23]

通过发展用以理解市场的新方法,金融新闻业不仅使人们能

---

* 原文误作"Alsanger"。

够参与进市场活动中，还让这些市场成为万物秩序中的一个自然的部分。随着公众持股公司与个体投资者的数量在19世纪稳定上升，新的出版物也试图向商人和投资人将这个愈加复杂的金融世界解释清楚。[24] 除了这些周刊和日报，还出现了一大堆的说明手册，它们的目标是对市场行为加以科学理性的说明，解释推测中的恐慌和破产，甚至是教人们《如何看货币》（How to Read the Money Article）。[25]《弗朗西斯·普莱福特的实用投资诀窍》（Francis Playford's Practical Hints for Investing Money）就扮演了先行者的角色。该书于1855年首次出版，翌年二版，又于1865年再版，在1882年由作者的儿子沃尔特·M. 普莱福特修订后重新出版——该书所涉及的领域直到彼时都十分热门，人们仍挤破头想要进入。[26] 这些说明手册无异于尚未被历史学家发掘的宝藏，它们不但呈现了市场"可知"的一面，还催生了一个"精打细算"的主体，即能理性解读市场并了解其走势和规律从而从中获利的投资人。[27] 金融新闻业从更具体的地方和市场中的个人关系中提取信息和专业知识，同时还塑造了一种对市场的普遍认知：市场是一个理性系统，能够被谨慎的投资者所掌控。

　　印刷文化还改变了企业组织和管理，尽管这个过程相比之下更为缓慢。虽然信函书写和复式簿记长久以来都是欧洲商业会计所的特征，但自17世纪晚期起，英国的股份公司就开始发展全新的机制来管理海外的代理商。东印度公司完成一个贸易和报告周期，要花近两年时间，期间还面临着管理其在孟加拉湾沿岸的代理商的挑

第五章　陌生人经济　　　155

战，因此，在存货盘点和库存账目上，它开始使用标准化的形式，以确保每个代理商和"工厂"的操作都能直接受控于位于伦敦的公司主管。[28] 类似地，在加勒比和美洲殖民地，种植园拥有者，尤其是不在本地的园主，开发了新的记账系统以跟踪他们的奴隶的生产效率和价值。[29] 及至18世纪晚期，英国的一些大型制造商就已经开始使用产值与销量、薪资支出、库存盘点以及成本核算的报告系统。詹姆斯·瓦特（James Watt）甚至还发明了一个复印机，用以为他的公司制作标准化的报告单。然而，由于职员或代理商既没有时间也没有专业知识，无法采用这些新的系统，个人和地方的特殊的经验性管理方式仍然大行其道。直到英国公司的规模和复杂性在19世纪80年代逐渐提高，且律法开始强制规定股份公司公开账目，管理和会计相关的出版物这才开始激增。这些文本都提供了表单和表格模板，可供生产流程和工厂间对接使用。[30] 在19世纪发展起来的全新办公系统和技术催生了更多系统性的管理方式：直立式档案箱（vertical filing）代替了账目和信件的装订案卷（bound volumes），打字机和复写本取代了手写和复印机，电话使公司的各分支和各厂房能进行更迅速的远距离沟通。[31] 商业生活能够围绕抽象的原则和标准化的、各地通用的程序组织和开展，这个想法在17世纪晚期和18世纪初见端倪，直到19世纪才通过印刷业被广泛传播和接受。

创造国民经济

　　如果说是印刷文化通过将市场信息和商业实践从个人和地方处提取、抽象化，使其"云游四方"，那么就是英国政府开辟出了一方平坦的、统一的、同质的国家（以及之后的帝国）空间，促进了陌生人之间的经济交易。对一个国家经济体的塑造，对于国家成型的重要性不亚于对一个国家共同体的想象和政治化，这种塑造需要通过建立金钱和度量的新标准来完成。[32] 这就使过去因交易对象而产生的信任问题不复存在，你只需一些注册名单，就能与你不认识的人做生意了。

　　现金关系并不是一项现代的发明：一些交易关系近千年来都是以金钱为媒介的。尽管如此，现代样态下的钱是晚近才出现的，它是一种国家生产的、标准化的、可转让的象征性物品，其最终价值超过了其本身的造价。在近代英格兰，"王冠"（the Crown）＊由英国皇家造币厂（Royal Mint）制造生产，是这个国度最主要的流通硬币，其价值由其本身所含金银的分量来保障。然而硬币始终处于短缺状态，这证明了硬币不但容易用旧，而且还时常断裂、磨损（如果不提假币的话），这会致使他们在分量上的价值要远远小于其面值。地方公司和商人制作他们自己的代币用于交易，这些代金券作为能取代硬币的更可靠的货币流通于英国：17 世纪 60 年

＊ "王冠"，指旧时英国的 5 先令硬币，其上印有王冠。

第五章　陌生人经济　　｜　157

代，单单在伦敦就有 3543 家使用代币的公司。[33] 信用关系在混乱的金钱关系中激增。地方交易和服务的优势无疑要在面对面的协商中体现，如此，一个以共同责任为基础的经济体才能得以维系。[34] 在跨区域或跨国的交易中，硬币的运输或不安全，或不现实，因此这类交易依赖于新式的纸质媒介，如汇票、期票和各种类型的银行券。很多人提出，一个由信用和纸币推动的经济体将会走向消亡，除此以外，还有许多人质疑这些纸质媒介的可靠性，因为它们生效与否都取决于其上的签名，签名可以被伪造，签署方也可能不值得信赖。[35]

1688 年以后，英国开始重拾对现金经济的信心，恢复其可靠性。英格兰银行（Bank of England）在 1694 年成立，它开始（向有银块存储的用户）发行信贷票证，银储量和政府贷款保证了这种信贷票证的可行性和有效性，纸币也因此获得了一种新的可靠性。约翰·洛克和艾萨克·牛顿爵士（皇家造币厂厂长）认为，如果金钱想要成为交易的可靠基础，它必定要有一定的分量和价值，因此他们二人策划了 1696 年的货币重铸（the Great Recoinage），以此来使银币恢复其本身的价值。1697 年，造假币被定为死罪，压印硬币和印刷英格兰银行票证的新技术也使伪造变得更困难了。最终，在 1707 年的《联合法案》颁布后，新的货币体系也延伸到了苏格兰，后者不得不废弃其原有的通用货币。

新体系的稳固困难重重。它未能覆盖偏远的地区，如苏格兰高地和北美殖民地，在那些地方，以指甲、皮革和卡片制作的代币仍然在市面上流通。货币重铸也不得人心,在伦敦和约克郡引发了暴乱。人们普遍地开始通过减少房屋窗户的数量来避免缴纳窗户税*(一种政府为填补硬币重铸造成的差额而设计的税)。[36] 急于稳固新硬币的"地位",导致了银的短缺,这使得英格兰银行不得不叫停以其发行的票证进行的现金支付。及至 1705 年,期票已经非常普遍了,法律允许 20 英镑以下面值的期票被直接当作现金使用。[37] 仍然有大量伪造的、轻质的和国外的硬币,以及商人们自制的代币在市面上流通。由于银币的不足,纸质货币、票证变得更为常见,与此同时假币制造也常常被媒体披露。[38] 最终,在与法国的交战期间,硬币的短缺导致了向银行的挤兑,使许多地方银行关门大吉。1793 年,地方银行的数量从 400 家锐减至 8 家。四年后,英格兰银行的储蓄也已枯竭,因此它停止了以其票证进行的现金支付,首次发行了面额为 1 英镑和 2 英镑的纸币。对这些纸币的伪造十分猖狂,因此,在一次试图恢复纸币和(更广义的)现金经济的可靠性的行动中,英格兰银行开展了一次大规模的犯罪调查,这次调查在 1820 年达到高潮,将超过 400 个假币制造者送上了法庭,并将这些诉讼广而告之。[39]

关于如何恢复英国货币体系的可靠性及民众对其之信任的辩论又一次上演了。整顿过后,英格兰银行在一定程度上恢复了其金储备量。与此同时,在各种争论和抗辩之后,黄金委员会(Bullion

---

* 英国政府于 1696 年征收窗户税,计税标准是房屋上的窗户数量。

Committee）于 1811 年提出让英国实行仅以黄金为本位币的货币制度，即金本位（从而取代于洛克和牛顿而言已经足够的金银复本位）。1816 年迎来了又一次货币重铸，然而，尽管这次重铸使金币恢复了其应有的重量和价值，它也"放行"了一些更小额的铜币和银币，这些硬币被赋予了与实际价值不对等的面额。博尔顿＊建立了蒸汽驱动的皇家铸币厂，使这一切成为可能。新的设备和技术保证了所铸硬币的统一性，这是早先手工铸币法所望尘莫及的。博尔顿的铸币厂最终也使假币制造商关门歇业，在 1812 年使商人自己发行的代币不再合法。及至 1821 年，英格兰银行的金银储备完全恢复，并实行金本位制。最终，一个统一的货币体系的安全性、稳定性和信任都被逐一构建起来了。

现实仍然面临着重重压力。改革家，如威廉·科贝特（William Cobbett），曾斥责金本位导致的通货紧缩和失业危机，每到经济低迷时，他们都会呼吁废除金本位制。自由商人，如阿特伍德（Attwood）和科布登（Richard Cobden），也拒不承认黄金是货币的自然、古老的基础，他们梦想着有更世界主义的货币体制能取代金本位，促进贸易和移动的自由度。[40] 这个想法十分具有影响力，以至于经济学家威廉·斯坦利·杰文斯（W. S. Jevons）和罗伯特·劳（Robert Lowe，1868—1873 年间是威廉·格莱斯顿手下的财政大臣）曾认真考虑过许多使用国际货币标准的策略，关于这方面的讨

＊ 马修·博尔顿（Matthew Boulton，1728—1809），英国制造商和工程师。

论在1865年达到高潮，彼时，法国、瑞士、意大利和比利时组成了"拉丁联盟"（Latin Union），统一使用法郎作为货币。[41]在英国国内，货币体系所处的环境如此紧张，因此，在1826—1844年间出台了一系列银行法案，它们减少了能够发行纸币的银行的数量，以确保纸币与发行银行的金储量相符。尽管英格兰银行在1855年以后只发行固定面额的印刷纸币，但三十年后，它的纸币发行量仍能与其他150家银行相抗衡。同样，尽管几十年间（1870、1889、1891年）进行了多次货币重铸，但金币仍然折旧迅速，且容易断裂——1890年，45%的金镑都"轻"了。[42]

我们可以认为，到第一次世界大战以前，钱都没有到达其统一的、现代的样态。直到1917年，所有硬币都成了有面值的代币，以便维持；四年后，英格兰银行巩固了其发行纸币的垄断权。这一切来得都不算太迟。美国在独立后花了几十年来创立自己的货币和中央银行，到19世纪30年代，仍在费劲地维系一个混乱的货币体系——1866年国家银行的统一纸币设计出来之前，共有1600家地方银行都在发行着各自的纸币，随随便便就制造出3万种不同样式的货币，其中1/3都被认为是伪造的。国家银行的纸币的设计和生产渐渐地集中化，并在随后的两起事件中达到高潮：1913年美国联邦储蓄委员会的成立及1929年全国所有纸币的标准化。回到英国的例子，金本位制的重要组成部分和一个统一的货币体系在19世纪40年代终于就位，即便其巩固和稳定还花了数十年时间。洛克和牛顿的设想，即令钱币成为交易中不具人格的、可信的单位，

第五章　陌生人经济

最终得以实现，这个想法又在现金经济中被重塑，以适应一个陌生人社会。人们不再需要去信任持纸币或硬币的人，因为国家已经保障了所有钱币的绝对价值。

在英国，要稳固一个统一的货币体系已然是个艰巨的任务，因此如果要将这个目标在帝国范围内实施，其结果不如人意也是意料之中的。在英国继续采用金本位制之后，一系列帝国指令在19世纪20年代中期被发出，试图维护英镑作为一种跨殖民地货币的地位（在澳大利亚、加拿大、开普殖民地、西印度，以及稍晚在新西兰）。许多殖民地，如印度，仍继续使用各种各样令人眼花缭乱的硬币和代币。在那里，地方特有的价值和交易系统使数百种不同类型的金、银、铜、铅和锡币与代币，如海贝（*cauris*）和苦杏仁（*badams*），一起在市面上流通。直到1835年，东印度公司才以标准重量调控了硬币的生产和流通（其他种类的硬币或代币都宣告失效），还规定卢比仅可与银本位挂钩。[43] 尽管对这个货币系统的控制在1861年更加严格，但许多商人仍然继续依赖于地方的信用网络、汇票和期票。而最终，1881年的《流通票据法》（Negotiable Instruments Act）禁止了所有这些交易形式。印度于1898年开始采用金本位制；银价的骤跌在之后的几十年里使卢比不断贬值，因而对英国的出口造成不利，印度的"国内费用"*（Home Charges）也因此提高，这让印

---

* 在英属印度，有一笔特定数额的钱用于行政管理、军队维护、战争开支、退休官员的年金和其他英国用于维持殖民地的费用，几乎全额由印度方面支出。这就是所谓的"国内费用"。

度的民族主义者激愤不已。讽刺的是，要到英国最终于1931年废除了金本位制之后，英镑才成为帝国货币系统的真正基础，英镑区（Sterling Area）才真正成立。即便到了那个时候，科布登的设想，即英国的贸易自由地跨越距离和国界，不受相互矛盾的货币系统干扰和阻碍，仍然只是个空想。[44]

建立一个国家和帝国经济体，使其成为一个统一的、中立的陌生人交易空间，在这方面，标准度量衡的确立也同样重要。近代欧洲沿用了古罗马的基本重量单位——磅，但到16世纪时，地方的重量标准不一，浮动范围高达20%。[45]在17世纪的英格兰，至少有64种官方认可的重量和度量单位，这也只是"不同地方或区域使用的数万种单位"中的一小部分。这些地域特有度量衡单位源于一些机动性很强的标准（比如，1685年的一条法规将1英尺定义为三粒圆形干燥大麦的长度），并且受到若干种互不相容的管辖权限的管理。[46]尽管《联合法案》试图为英国海关创建一个统一的贸易标准和税收单位，但苏格兰的度量衡单位仍在当地继续被使用了至少一个世纪。即便是像"英担"（stannary，相当于100磅）这样一个简单的单位，也有很多不同的应用：对康沃尔的锡矿而言，1英担相当于120磅，但在糖交易中，1英担又等于112磅，只有加勒比地区是例外，1英担在那里统一等同于100磅。哪怕只相隔几英里，相同的单位都有可能有不同的标准：1754年，英国财政

第五章 陌生人经济 | 163

部定义 1 酒加仑（wine gallon）为 231 立方英尺 *，与市政厅的 224 立方英尺截然不同。[47] 皇家学会推动了科学实验、观测和度量的文化，这种文化强调，发展更精确的标准是大有裨益的，通过新的量具和技术，这类标准和单位会在不同空间内普遍适用。然而这个主张成效甚微。

对这个混乱体系的改革旷日持久，要想使用新的量具实现统一的、在各地都普遍适用的单位，并对其集中管理，并非易事。1750、1790、1814、1816 和 1820 年，有一系列关于度量体系改革的议会提案，最后以 1824 颁布的《帝国度量衡法》告终。这部法案将度量单位减少到三种（码、磅和加仑），并确保每种标准都由一个新的督察团负责维持和施行，这些督察的权力在 1835、1847、1855、1858 和 1878 年持续扩大。[48] 到了 1878 年，英国贸易部已经拥有了重量、度量和硬币的唯一管辖权，它控制了一个督察团——后者被赋予了进入任何房屋、检查任何人、任何地方的设备的权力——并售卖货物。这个国家又一次策划了一个统一的、抽象的国家交易空间，在其中，陌生人之间的信任问题被淡化，取而代之的是标准化的量具和行为。你不必担心供应商在买卖时缺斤少两，你只需要去信任他度量商品的标度，因为那是受到国家标准检审和校验的。

英制单位体系的设计是以公平为目的的，尽管整个英帝国都在

---

* 1 立方英尺约等于 0.028317 立方米。——编者注

采纳这个体系，但直到 19 世纪末，它在各地应用的成效都是参差不齐的。1870 年，殖民政府强制印度采用英制的度量衡，但在 20 世纪以前，英制单位对印度地方和区域各式各样特有的体系影响始终甚微，后者采用它们自己的标准和单位（机动性很强，往往以人体或动物身体的部位为度量基础）。然而，英制单位的确为跨殖民地交易提供了通用的标准，哪怕是 19 世纪 70 年代以后国际保护成熟起来了，这类贸易活动也依然欣欣向荣。英制的通用标准还有助于收集帝国范围内可比较的贸易数据。此时英制单位正与公制单位分庭抗礼，后者首次采用于革命中的法国（虽然很快就被拿破仑废除了），到 1900 年以前，公制单位已逐渐又被 46 个不同的国家所采纳，其中包括一些新统一的国家，如德国与意大利。尽管自 19 世纪 70 年代起，英国就一直在抵制以公制作为国际标准的主张，但鉴于国际贸易的实际情况和趋势，自 1891 年起，英国学校也开始教授公制单位体系。[49] 即便如此，及至 20 世纪 20 年代，22% 的世界人口仍在使用英制单位体系，包括美国——它通过采用托马斯·杰斐逊（Thomas Jefferson）在 18 世纪 90 年代提出的十进制，向人们展示了冲破殖民历史之藩篱的可能性。

构建一个统一的国家和帝国经济体也依赖于经济知识和计算的新形式。民族国家企图估测和理解经济的周期性变动，以使其易受政府掌控，正是在这个过程中，他们首先发现和开辟了经济知识和计算的新形式。这个过程仍然起始于漫长的 18 世纪，大致发生在

第五章　陌生人经济　｜　165

威廉·配第（William Petty）* 于 17 世纪 90 年代试图计算国民收入和威廉·普莱威尔（William Playfair）** 在一个世纪后发明贸易数据图表这两个事件之间。这项工作因为政府记录不足而受阻。[50] 英国贸易部建立于 1696 年，在 18 世纪以前，该部门仅断断续续地收集与某些事件或政策问题相关的数据，但到那时，它还在按照 1696 年的物价估算进出口商品的价值。因此，尽管国民收入、贸易差额和货币供应量等概念长久以来一直存在，但它们在 19 世纪末被赋予了新的意义，与此同时，物价、产额和就业的新指数也创造了了解、勾勒国民经济的新途径。[51]1909 和 1911 年，失业率首次成为了一个统计类别（职业介绍所和国民保险制度也在此期间出现了），人们开始认识到，失业不是一种个人的道德失败，而是一种由劳务供求法则引起的经济现象。无独有偶，第一次世界大战之后，生产计量方法也愈加成熟，这意味着国民收入计算不再以税收记录为基础，而是可以通过对国民生产和国民开支的估算来完成。这使对国民经济的描绘成为可能，用统计术语来说，就是"由生产、收入和支出组成的一个自给自足的周转过程"。[52] 米切尔（Mitchell）认为，英国经济的帝国和国际性质意味着，在 1929—1931 年的经济危机促成凯恩斯完成《通论》（*General Theory*,

---

* 威廉·配第（1623—1687），英国哲学家、古典经济学家，被马克思誉为"政治经济学之父"。
** 威廉·普莱威尔（1759—1823），苏格兰工程师、政治经济学家，图形统计法的创始人，发明了数种图表：经济统计的折线图、面积图、柱状图（1786 年）；饼图和扇面图（1801 年）。

1936）*之前，将英国经济想象为一个易管理的国家空间都是不可能的。⁵³ 这个观点很耐人寻味，但有些言过其实了。将英国国民经济理解为一个抽象的、统一的空间，是从 19 世纪末开始的，在第一次世界大战期间这种解释又得到了巩固。

受到有关战争支出和赔款，以及不断上扬的通货膨胀率和失业率的争论的影响，"一战"后经济统计的结果产出不断加速，也逐渐推动了国际比较。⁵⁴1913 年，仅 33 个国家拥有贸易数据，到了 20 世纪 20 年代，就已经能够在统计学上预测、描绘出 90 个国家之间的贸易情况；同样，1903 年，仅有 2 个国家公布了其物价指数，而到了 1927 年，已经有 30 个国家的物价指数是公开的。然而，最大的问题是，如何创造国际标准化的统计法，才能使各国的国民经济的相对表现得到分析，尤其是在第二次世界大战期间，在战争和战后重建之间发生的全球经济萧条的背景下。新的国际组织，如国际劳工组织、联合国经济和社会委员会、国际货币基金会（IMF）以及欧洲经济合作组织，对解决这个问题至关重要。因此，1952年，联合国终于将国民收入的计算标准化，定义其为国内生产总值（GDP），毫无疑问，这是因为联合国认为 GDP 是决定各国对其提供资助的指数。1939 年，只有 10 个国家公布了自己的国民收入数据；到了 1955 年，已经上升到了 78 个国家。类似地，国际货币基金会在 1948 年确立了国际收支的标准计算法，尽管这种计算方法

---

* 指《就业、利息与货币通论》（*The General Theory of Employment, Interest and Money*）。

第五章　陌生人经济　　167

只适用于一小部分国家。经济数据和计算法的其他新类型——比如世界贸易和生产力百分率——也在 20 世纪 40 年代和 50 年代中发展起来,为国际比较提供了新的切入点,也使各个国家的政府必须为国民经济的相对表现负责。[55]

"经济"这个概念自 19 世纪 60 年代起就指向一个抽象的、同质的空间,这很大程度上起因于研究经济运作法则的新兴经济学学科。尽管很早以前就有关于经济活动的特定形式的讨论,但"政治经济学"(political economy)这个术语直到 1767 年才出现。19 世纪初,苏格兰和伦敦大学学院开始设立政治经济学教授职位;1871 年,这门学科成了英国文官考试的必考科目;几年后,白芝浩称其已经变成"这个国家的常识"。[56]政治经济学的早期学者,如马尔萨斯、李嘉图(David Ricardo)、麦克库洛赫(John Ramsey McCulloch)、玛蒂诺(Harriet Martineau)、约翰·斯图尔特·密尔(John Stuart Mills)和詹姆斯·密尔(James Mills),都认为经济生活与更一般的社会和政治辩论密不可分。然而,19 世纪以李嘉图《政治经济学及赋税原理》(On the Principles of Political Economy and Taxation,1817)的出版为伊始,却以阿尔弗雷德·马歇尔(Alfred Marshall)的《经济学原理》(Principles of Economics,1890)告终。经济学的创始人们——与政治经济学相反——威廉·斯坦利·杰文斯和马歇尔,为这个学科留下了一系列的问题以及一整套逐渐技术化的技巧和专业化的术语,它们通过新的专业论坛、期刊被广泛传播,诸如《经济学季刊》

（*Quarterly Journal of Economics*，1886）、《经济学杂志》（*Economic Journal*，1890）以及英国皇家经济学会（Royal Economic Society，1890），20 世纪初期也逐渐在高校内被普遍提及和使用。新的学术学科有力地推动了国家经济统计朝更好的方向发展，使学科的专业知识能被更有效地应用于经济治理上。"生产"作为经济中的一个独立专业领域，与其在统计学上的映射互相促进。及至 20 世纪中叶，"经济"作为一个抽象的、自治的、统一的领域的概念已经成为世事秩序的一个天然的组成部分了。[57]

重新植入

如果我们认为，19 世纪末 20 世纪初的经济生活的特征仅仅是陌生人之间的不具人格的交易，以及将经济理解为一个抽象、同质的领域，那就大错特错了。诚然，我们已经看到，经济关系被印刷文化和新的标准化形式所抽象的过程是循序渐进且不均匀的：这个过程起源于 17 世纪，在 18 世纪初具规模，又过了一个世纪才普遍化。然而，在这种新的陌生人经济扎根发展之时，它也试图将经济重新植入地方和个人的信息与联系中。这种陌生人经济的新形式适用于植根于地方和个人信息与联系的新活动。这就是现代性的辩证逻辑。我只简要地强调三点：股市中，以个人和地方网络为中心，不断加速的国内外资本流动的结构；与陌生人经济中现金关系并列的信贷关系的重新定位和构建；在新的纺织业工厂中高度个人化的

第五章 陌生人经济

"家长式"(paternalist)管理风格的出现。

  金融市场处于打造不具人格的资本主义的最前线。它促进了资本流动，使其以不断增长的速度在更远的距离范围内运作。技术在这里至关重要。首先，电报构建起了英国内外商品交换的网络。格拉斯哥是最后一个加入英国交易网络的城市，于1847年加入。伦敦于1851年与巴黎建立了联系；1866年，大西洋海底电缆投入使用，这使伦敦与纽约之间物价信息的传送时间从16天锐减至20分钟，到1914年时，只需30秒。随着成本的降低和速度的提升，股票市场之间的国际电报流量成为一股真正的洪流。及至1909年，在工作日，从伦敦证券交易所每1秒就会向欧洲发一封电报，其成本是1851年的3%。同样，每6秒就会有一封电报发往纽约，其成本是1866年的0.5%。电报压缩了时间和距离，而伦敦证券交易所则延长了4小时的营业时间至晚上8点，以便于与纽约进行交易。收报机在1872年首度出现，它使价格信息不再需要通过地面上的语言和视觉信息交换来传播，而是让这些信息能够源源不断地、即时地传送给任何有接收器的人、传到世界上任何有接收器的地方。终于，1880年迎来了电话的面世。三年后，伦敦证券交易所安装了独立的电话室，以便股票经纪人与他们的办公室取得联络，而他们的办公室又会与投资商保持联系（有些办公室甚至为最重要的客户安装了个人电话线路）。到了1908年，在工作日，每5秒就会有一次电话铃响，每天有8000个电话拨出，2400个电话打入。这些交流网络促使伦敦股市成为世界的金融神经中枢，其成员从1802

年的 363 人增长至 1851 年的 906 人，在 1905 年达到 5567 人。[58]

尽管到 1900 年，股价已经在全世界范围内实时更新了，但伦敦的交易所及其城郊的分支仍然是拥有独家消息的俱乐部，身处其中，个人关系和声誉是最关键的。地面上的交易通常以荣誉原则为基础，通过口头进行，违约或欠款的经纪人们的名字会被列在一块黑板上，使其蒙羞。要到 20 世纪初期，口头订单才被正式承认是有法律效应的，另外，所有的交易都要求记好纸质分类账簿。交易要想得到许可，道德品格和人脉——主要是通过家庭和（私人）学校——仍然很重要。随着资本投资的规模的扩大，合作企业的重要性也增加了，由于合作双方的负债额仍然是不受限制的，因此所有这些合伙企业都有可能毁在合作的一方手中。因为不论是个人声誉还是命运，都是与他人的行为密切联系的，信任或者终结个人关系就显得至关重要。在地方股市中，道理也是一样的。19 世纪期间，地方股市迅速崛起，以 1799 年的都柏林为肇始，在 1836 年曼彻斯特和利物浦交易所成型后开始加速发展，直到 1909 年诺丁汉交易所建成后，这股风潮才终于告一段落。地方股市为地方投资人提供了与他们可以直接会面的当地经纪人做生意的机会，也使他们能够投资他们所熟悉的地方公司。19 世纪末，虽然电报和电话的出现已经使地方交易所能够与伦敦证券市场（大部分地方股票都在其列表上）直接交易，并在任何地方获得最新的价格资讯，但地方交易所数量的激增及其成交量的上涨表明，这些地方关系和信息仍然十分重要。[59] 约尔·莫基尔在 1800 年断言，资本市场"仍

第五章　陌生人经济

建立在个人关系和声誉的基础上",这个结论在一个世纪过后来看,依然正确。[60]

不具人格的现金经济在19世纪被建立起来并得到巩固,但它并没有完全取代信贷的地位,后者在第一次世界大战以前被普遍使用。[61] 自19世纪70年代起,大型百货商场和公司开始兴起,只以现金为交易基础,消除信用和声誉在交易中的影响,他们承诺以此来使零售关系民主化。然而这些商场和公司很快发现,他们必须为客户提供信贷服务,以此来保持自己的竞争力(到1900年,已有75%的公司这么做了)。及至1915年,百货商场和公司的销售额只占到零售业的1/10,而可以同时使用现金和信贷交易的小型独立商店的出现,加速了前者的发展。要想在社会层面上获得信贷资质,体面的身份和不拖欠债务的声望是最重要的。决定零售商成败的关键,正是他们看人的眼光和智慧——决定向谁提供信贷,或拒绝谁的赊欠。[62]

于商业生存而言,掌握客户的地方和个人信息至关重要,但要在陌生人社会中做到这一点,已经愈加困难。因此,19世纪初,交易保护协会开始在新的城市环境中涌现,因为在城市中,面对大批的陌生客户,提供信贷的零售商的弱点暴露无遗。交易保护协会从债务人法庭、商业布告、新闻报道和他们自己的密探那里收集关于潜在的诈骗犯的信息,并将这些信息提供给零售商,以此来"保护"这一大群的地方零售商和商人,也会通过法律途径协助追讨债务人。由于认识到流动性和匿名性是诈骗犯的两大关键特征,1866

年成立了英国国家贸易保护协会（National Association of Trade Protection Societies），其职责就是将关于诈骗犯的信息传播到全国各地。1885年以后，这些信息被编撰成了一般分类，作为原始信用评级的基础，这种评级可以通过电报流通传播。即便在那时，这种信息仍然是不准确的，且高度依赖于对个体外貌和性格的主观记忆和判断。然而，地方贸易保护协会方兴未艾，为国家的大图景提供了不可或缺的地方细节，还出资雇用代理人，提供追债服务。这套体系从未达到过美国信用评级机构的成熟程度。仅仅是因为美国辽阔的幅员，就需求更流动灵活的技术和更标准化的信用评估形式；而在英国，信用评估标准还停留在性格的层面，且整个程序的目的通常是追回债务，而非避免债务。[63]

我们把工厂视为一个和现金关系一样的经济现代性的标志。工厂提供了一个集中式的生产场所、劳动的机械化和功能性分工，以及新的工作和时间规训。简而言之，根据19世纪早期对工厂的批判，工厂使工人"去人性化"，将其变为新的生产系统中可替换的、可转让的组成部分——在这个"工厂系统"中，妇女和儿童甚至沦为劳动力总和中的部件。[64]兰卡郡和约克郡的纺织工业区是这个工厂系统的起始点，19世纪下半叶，那里的纺纱公司和编织公司的平均人员规模分别从108人和100人增长至165人和188人，而合并的纺织公司的平均人员数从310人扩增至429人。19世纪60年代的棉花荒歉加速了纺织厂所有权和生产的集中化，这在一些地方尤其明显，如普雷斯顿（Preston），在那里有9家公司雇用了超过

第五章 陌生人经济

1000人，分布在16个工厂中。工厂主过去通常与工人在同一个地点工作，但随着工厂规模的扩大，工厂主开始依赖于车间经理，远距离操控和监督工厂日常的运作。

这段距离就要求雇主与雇员之间培养起新的个人忠诚的纽带。有一些雇主，比如史丹利·鲍德温（Stanley Baldwin）的神话般的父亲，曾夸口他们知道自己每一个雇员的名字，并高调地展示自己对员工的亲切态度——在商店里巡视，与经理和主管共进晚餐或饮茶，询问员工家庭成员的健康状况，寄送亲笔签名的生日贺卡，甚至亲自为资深员工送上礼物。大雇主将自己的家庭历史加诸他们员工的生活，这已经成了惯例——雇主会在自己孩子的生日、成人礼和婚礼时，或追悼家庭成员时给员工放假。由于儿子往往会从他们的父亲手里接管、继承公司，因此培养员工对雇主整个家族忠心不二，就和培养他们对雇主个人的崇拜一样重要。不是所有工厂主都热衷于培养与员工之间的关系；一些人更倾向于通过保持冷峻的作风和隐居偏远庄园，来塑造自己作为成功企业主的形象。[65] 尽管在特殊的情况下，工人们会被邀请至老板的住处，但这些庄园偏远的地理位置及其富丽堂皇的气派都引人敬畏和惊叹，而不会令人感到亲切熟悉。随着车间经理的岗位逐渐普及，工厂主的存在开始体现在一些与工厂本身无关的事情上，如对工厂乐队或足球队的资助，或对员工宿舍和娱乐设施的建造。由于不再需要在生意和管理上亲力亲为、事无巨细，工厂主们开始成为地方的显要人物，以此来提高自己的个人权威和声望，并涉足更广泛的社区范围，如图书馆、公园、主日学校，或成为地方法官、贫民救济委员甚至国会议员。最重要的是，当工厂和公司发展到一个规模，使老板不再能了解他们的工人或与之进行日常交流，这种时候老板们就会找到其他途径，来将他们的个人权威和声望投射到一种不具人格的、去人性化的生产模式上。

英国人在 19 世纪末开始处于一种新型的经济环境中：一种已经适应了陌生人社会的经济。曾一度围绕地方和面对面交流而建构的市场，被重新构建为抽象的空间，其中的商品交换模式是不具人格的，这使与陌生人做生意成为可能。在这场转变的中心是印刷文化，是它从具体的个人和地方提取抽象的信息，并将其散布至千里之外。然而，与此同时，这个国家还构建了经济的一种新概念——一个统一且同质的领域，依靠着货币和度量的标准化而维系。一旦国家政府保证了这些统计单位的统一性，那么长久以来阻碍着经济关系的问题——"该信任谁"——就在很大程度上被解决了，人们只要知道"该信任什么"即可。如果说是印刷文化帮助市场扩张至地方以外，甚至使其能想象出一种陌生人经济，那么就是国家提供了基础建设，使人们能将这种经济构想为一种均质的国家和帝国空间。这个过程可能是循序渐进且不均匀的——跨度从 17 世纪末一直到 20 世纪初——但我们或许可以将白芝浩编辑下的《经济学人》的出现视为标志着该过程伊始的关键时刻。这也是一个辩证性的过程，因为大转型是如此丰富，因此也不乏通过将陌生人经济重新植入地方和个人关系来管理它的尝试。

第五章　陌生人经济　　｜　175

结 论

　　几乎所有人都认为，在过去的三个世纪，世界已经渐渐步入现代了。大转型的速度和规模在人类历史上是史无前例的。的确，人们会注意到，我们现代人的特点就是我们对以下现象的知觉：这个世界始终在改变，我们面前的未来是开放式的，它等着我们去思索和更新。可能这就是为什么我们很难确定"现代生活"的特征，也很难确定这些特征是在何时何地首次出现的。原因是多种多样的，但毫无疑问，最主要的因素是对现代化理论的反抗——现代化理论根据（通常是不精确的）欧美经验，将世界的历史发展置入一个线性的序列。如今要定义现代性产生的条件，或定位其起源，似乎是不可能的，因此历史学家们要么对类似的研究渐渐谨慎起来，要么就开始漫无目的地在各个地方寻找现代的踪影，这种做法十分令人费解。其结果就是，有些史家甚至提出不要再将"现代性"这个术语当作一个有用的分析性范畴。然而，现代性在历史学科（古代史、中世纪史、近代史和现代史）当前的结构中仍然是个不可或缺的"硬件"。历史学家（和其他学科研究者）在他们的课堂上和论著中仍然惯常地使用它，因为如果不用这个术语，就很难比较和思考不同时间和空间的历史变化。而最终，这还是历史学家的工作。因而本书的目的，就是重新赋予现代性作为一个分析性范畴的作用和意义，以使我们能继续往常的工作。

为了达此目的，我分别在历史和文化层面上对现代性展开了分析和理解。英国常常被当作现代化理论的试验场，我以这个国家为案例，指出英国成为现代国家靠的并不是那些强势的新教徒、1688年的光荣革命、启蒙运动或工业革命。相反，是因为持续快速增长的人口不断向城区集中，且在国内外范围内的长距离移动能力不断增强，一个全新的、独特的由陌生人组成的现代社会才由此而生。社会、政治和经济生活的组织长久以来主要（虽然不仅）是围绕地方和个人关系展开的，因此在陌生人群中的生活为其带来了各种前所未有的挑战。尽管社交、权威、联盟和交易的各种样式曾经主要是依赖于在特定地点的面对面交流的，但这些旧有的模式在人口不断增长的规模、匿名性和流动性中渐渐式微了。一系列与以往截然不同的全新的社会、政治和经济问题随之产生，因此新兴的民族国家以及受到不同动机驱策的人民渐渐开始采用一些抽象化的体系，以此来理解这些问题和变化，他们重建了社会、政体和经济，从而在这样一个陌生人社会里，以及大英帝国的广阔疆域内继续运作和生存。由于这些新的抽象思维和组织体系不受空间的限制，可以传达到帝国的各个角落，因此它们以统一的、不具人格的方式管理着远方的陌生人。然而，由于这些体系并不总是有效，或者即便它们有效，很多人也对其不抱信任或有意疏离，因此它们也催生了让经济、社会和政治关系重返个人和地方形式的新鲜尝试。抽象化的这种辩证性，以及地方与个人关系的重建，就是我们现代人应对这个陌生人社会带来的无数挑战的方法。

让我重申一遍：这并不意味着那些"非现代"的社会——那些被人类学家和社会学家定义为"传统"的社会——就没有经历深远的改变。古代、中世纪和近代世界中的转变都是具有时代意义的。我也不是说早期的社会就没有经历过快速的人口增长、流动、城市化、与陌生人的接触和帝国扩张。如果认为在现代之前人们仅生活在彼此知根知底的小型社区里，显然是种滑稽的讽刺。抽象的和不具人格的组织体系并非是现代世界独有的，它们早就在近代的亚欧大陆生根发芽了。现代世界所独有的，是这些现象前所未有的发展规模。

这种规模首先体现在英国。英国人最早开始居住于陌生人社会，因为英国是第一个打破马尔萨斯陷阱并实现快速人口增长的国家，也是第一个以城市为主要社会形态的国家，还是第一个建立了交通和通信系统的国家，这两个系统能让人和资讯都以更快的速度远距离移动和传输。要达到这种规模的变革，不仅要重组社会、政治和经济关系，还要找到新的治理方法，对抽象化思想和组织体系

结论 | 179

进行史无前例的广泛应用。"英国人可能是第一批现代人"的说法并不是一种主观的价值判断。提出这种观点的目的,不是为了将英国的历史经验设定为一个所有国家都应效仿的世界历史模型。曾经,在为国家的发明、探索、宽容和安稳做出贡献的天才们的努力下,不列颠迈向强盛,真正成为"大"不列颠,但这种说法也不是对这个过程的感伤缅怀。正如不存在所谓的优等民族,这世上也不存在能不受动摇地向现代性行进的宏伟计划。英国的现代性是一个充满了偶然性和实验性的过程的产物,它是对各种复杂问题的机动应对的结果。

英国在 19 世纪才成为现代国家,直到那时,大转型的宏大规模才开始显现。一些人将英国的现代性定位在 17、18 世纪,还有一些人坚持认为由于英国的旧制度根深蒂固,其现代性要到 20 世纪才成型,对这两种观点,我都持异议。我们一次次地看到,这些变革的种子在 17 世纪末就埋下了,在 18 世纪中叶发芽,并于 19 世纪 30 年代到 80 年代之间开枝散叶,虽然其中一些要直到 20 世纪初期才落实结果。只有在 19 世纪,陌生人社会的全部特性,新的交通和通信技术不断扩大的覆盖范围和传输速度,抽象且不具人格的社会、政治和经济组织体系对国家的掌控,这些特点才逐步显现。

毫无疑问,英国不断扩大的帝国范围对其现代性经验的塑形有所助益,但前者并非后者的催化剂。这促进了一种新的正统观念的形成:英国以及整个欧洲的历史是在海外被写就的,由帝国经验所组成。由于这种论点常被不加区分地滥用，因此其效力被削减不少。正因如此，强调以下事实变得非常重要：尽管越来越多的英国人向帝国疆域移民，英国本土的陌生人社会的形成与帝国之间并无关系。不过，在抽象的、不具人格的治理和交易的新形式的发展中，帝国政体和经济的形成却颇具影响力。在治理远方的代理人、人民和殖民地官员时，往往会促使抽象化的新体系和官僚化的管理模式诞生或发展。毋庸置疑，交通和通信基础建设的网络不断扩张，使不列颠世界缩小了，也使相隔遥远的陌生人之间的交易、治理和联盟成为可能。然而，常常会出现这种情况：这些体系从英国"出口"，却没能在殖民环境下生根发芽——想想许多晚近的殖民地人口普查是如何开始，又是如何以失败告终的，就能明白了。舍此以外，那些体系的局限性，或者说它们对"传统"民族的有限效力，也使得地方和个人的权威形式和"间接"统治在殖民现代性的辩证中的分量不断增加。帝国可能促进了英国现代性经验的形成，但前者显然不是后者的决定性因素。

如果不是帝国，那么是什么为英国的现代时期引航呢？现代性理论的误区是希望找到能够解释大转型的唯一源头或缘由，但我有意回避了对这个问题的因果论解释，我关注的不是英国为何会成为现代国家，相反，我关注的是英国是如何成为现代国家的。我已一再强调，现代性的条件并不仅仅是陌生人社会的出现，更是能够整合和管理现代性的抽象化和再植入的技术。尽管如此，此时此刻，有些读者恐怕已经厌倦了我对这个过程的偶然性的反复强调，甚至会指责我没解释是什么导致了外原性人口增长这个对陌生人社会的形成而言极其关键的因素。那么让我说明白：我不相信存在对"为何英国突破了马尔萨斯陷阱并保持了人口增长、实现了迅速城市化"的唯一解释（更不用说能够适用于其他地方的一般解释）。即便新马尔萨斯主义（neo-Malthusian）的正统观念目前认为提高工资能使人们更早结婚、养育更多孩子，但仍有丰富的资料指出，童年和婚姻的新概念的形成、农业生产率的提高、公共健康基础设施的发展，这三种因素也十分重要。同样，人口的流动性和城市化程度不断提高，并不是单纯地由于他们对工业化产品的求索，尽管后者的确是一项重要因素。我们已经看到了，民族国家的兴起常常会驱使交通运输的改善，婚姻、宗教、政治、教育和其他种种事情让人们没法停下移动的脚步。要去解释陌生人社会及其辩证性（既是抽象的，也会重新植入具象的关系），也是行不通的。换言之，现代性的条件不该仅由与工业革命和启蒙运动普遍相关的经济、政治和文化变革来解释，尽管这两个事件都有其影响力。我们不需要为了使现代性这个范畴有分析作用，而硬要为之寻找一个唯一的起因。

如果说我以英国为案例成功地矫正了现代性的历史，我们最终可能还是要问：那么这对世界其他地区的历史学家而言有何助益呢？这当然不是一个选边站的问题，也不是一个关于支持还是反对现代性的问题。尽管在英国，社会、政体和经济的设计和组织都有一套标准的基础规范，但这些都未必是现代性之辩证性的固有特质。认识到这一点可能会令人沮丧，因为如此一来，政治以及人类能动性——即纵使我们知道某项工作必须要依赖抽象化和再植入的形式，也能以不同方式思考与组织世界的能力——可能会彻底消失。如果有一种政治能够使现代性重新成为一种实用的分析范畴，那么历史学家就能解释历史变迁的广泛的、普遍适用的模式，我们进而也能比较思考不同的时代和空间。我希望我们可以回到那些形塑了历史学科的宏观问题中去，如此，我们在对微观历史过度关注，或在重建历史学工作作为公共事业的意义时，便能够重新领悟到这个学科在历史解释上的宏伟目标。

虽然本书在比较理论上仍有不足，但它试图引入其他理论，来论证其观点。显然，我们从第一章开始就注意到了，在英国之后，其他国家也都破除了马尔萨斯陷阱，尤其是到20世纪时，不少国家的人口增长率、城市化程度和人口流动性都超过了英国。我是这样设想的：就算这是一个普遍的历史进程，那么它也拥有各异的轨迹和迭代，因为正如英国一样，每个社会都有其独特的道路，通往稳定的人口增长和流动性。这个进程是各种偶然情况的产物，其发生的速度、规模和强度在不同的国家，会有巨大的差异。即便如此，一旦陌生人社会成型了，它总会引起类似的问题：治理、交易和结盟形式的重组，这三种行为都会受到文化而异的抽象化和嵌入式的管理形式的影响。我的论述是组合式的；不是单一归因的，也不是发散型的。现代化理论的圣杯——单一现代性的单一成因（所有文明都该以之为目标发展）——并不存在；在不同的地方背景下，现代性都会以不同的样貌呈现,并以不同的方式被经历。如果情况属实,我们或许可以为全球的现代性写一部历史,它有多样化的成因和单一的境况。简而言之,如此,我们就可以彻底走出现代化理论的阴霾了。

注释

第一章 什么是现代性?

1. Karl Marx and Friedrich Engels, *The Communist Manifesto* (London: Penguin, [1888] 2002), 223.
2. Karl Polanyi, *The Great Transformation* (Boston:BeaconPress, [1944] 2001).
3. Walt Whitman Rostow, *The Stages of Economic Growth: A Non-Communist Manifesto* (Cambridge: Cambridge University Press, 1960).
4. Émile Durkheim, *The Elementary Forms of Religious Life* (New York: Free Press [1915] 1965); Mustafa Emirbayer (ed.), *Emile Durkheim: Sociologist of Modernity* (Oxford: Blackwell, 2003); Georg Simmel, *The Sociology of Georg Simmel* (New York: Free Press, 1950); *On Individuality and Its Social Forms* (Chicago: University of Chicago Press, 1972).
5. Ferdinand Tonnies, *Community and Society* (Cambridge: Cambridge University Press, [1887]2001).
6. Bernard Yack, *The Fetishism of Modernities: Epochal Self-Consciousness in Contemporary Social and Political Thought* (Notre Dame, IN: University of Notre Dame Press, 1997).

7. 关于现代化理论，见 M. Latham, *Modernization as Ideology: American Social Science and "Nation Building" in the Kennedy Era*（Chapel Hill: University of North Carolina Press, 2000）; N. Gilman, *Mandarins of the Future: Modernization Theory in Cold War America*（Baltimore: Johns Hopkins University Press, 2003）; 关于英国，见 J. Hodge, *Triumph of the Expert: Agrarian Doctrines of Development and the Legacies of British Colonialism*（Athens: Ohio University Press, 2007）。

8. Eric Williams, *Capitalism and Slavery*（Chapel Hill: University of North Carolina Press, [1944]1994）; Edward Said, *Orientalism*（New York: Vintage,[1978]1994）.

9. Frederick Cooper, *Colonialism in Question: Theory, Knowledge, History*（Berkeley: University of California Press, 2005）, 7.

10. 例如，见 D. Chakrabarty, *Habitations of Modernity*（Chicago: University of Chicago Press, 2002）; T. Mitchell, *Questions of Modernity*（Minneapolis: University of Minnesota Press, 2000）; A. Appadurai, *Modernity at Large*（Minneapolis: University of Minnesota Press, 1996）; S. Eisenstadt, "Multiple Modernities," *Daedalus,* 129, 1（2000）, 1–29.

11. Cooper, *Colonialism in Question,* ch. 5. 在英国语境下，见 B. Rieger and M. Daunton（eds.）, *Meanings of Modernity: Britain from the Late Victorian Era to World War Two*（London: Berg, 2001）; M. Nava and A. O'Shea（eds.）, *Modern Times: Reflections on a Century of English Modernity*（Abingdon, UK: Routledge, 1996）; Kathleen Wilson, *The New Imperial History: Culture, Identity and Modernity in Britain and Empire, 1660–1840*（Cambridge: Cambridge University Press, 2004）。

12. A. Light, *Forever England: Feminity, Literature and Conservatism between the Wars*（Abingdon, UK: Routledge, 1991）; A. Burton（ed.）, *Gender, Sexuality and Colonial Modernities*（Abingdon, UK: Routledge, 1999）; L. Doan and J. Garrity（eds.）, *Sapphic Modernities: Sexuality, Women and National Culture*（Houndmills, UK: Palgrave Macmillan, 2004）; D. Gilbert, D. Matless, and B. Short（eds.）, *Geographies of British Modernity*（Oxford: Blackwell, 2003）; P. Tinkler and C. Krasnick Warsh, "Feminine Modernity in Interwar Britain and North America," *Journal of Women's History,* 20, 3（2008）, 113–43.

13. Cooper, *Colonialism in Question*; "AHR Roundtable: Historians and the Question of

'Modernity,'" *American Historical Review*, 116, 3(2011), 631–751.

14. Max Weber, *The Protestant Ethic and the Spirit of Capitalism* (London: Allen and Unwin, [1905] 1930); R. H. Tawney, *Religion and the Rise of Capitalism* (London: Pelican, 1926).

15. Kenneth Pomeranz, *The Great Divergence: China, Europe, and the Making of the Modern World Economy* (Princeton, NJ: Princeton University Press, 2001).

16. 多亏有现代化理论的遗产，目前已有对这个问题的解答。许多学者认为英国是第一个步入现代的国家。例如，见 P. Mathias, *The First Industrial Nation: An Economic History of Britain 1700–1914* (London: Methuen, 1969); H. Perkin, *The Origins of Modern English Society, 1780–1880* (London: Routledge, 1969); A.L. Beier et al. (eds.), *The First Modern Society* (Cambridge: Cambridge University Press, 1989); R. Porter, *The Creation of the Modern World* (New York: Norton, 2001); D. Wahrman, *The Making of the Modern Self* (New Haven: Yale University Press, 2004); Steve Pincus, *1688: The First Modern Revolution* (New Haven: Yale University Press, 2009)。

17. Georg Simmel, "The Stranger," in *On Individuality and Social Forms* (Chicago: University of Chicago Press, 1971), 143–49.

18. Massimo Livi Bacci, *The Population of Europe. A History* (Oxford: Blackwell, 2000).

19. Roger Schofield, "British Population Change, 1700–1871," in Roderick Floud and Paul Johnson (eds.), *The Economic History of Britain since 1700*, vol. 1 (Cambridge: Cambridge University Press, 1994), 60–95; Michael Anderson, "The Social Implications of Demographic Change," in F. M. L. Thompson (ed.), *The Cambridge Social History of Britain*, vol. 2 (Cambridge: Cambridge University Press, 1993), 1–71; R. Schofield and E. A. Wrigley, *Population and Economy: Population and History from the Traditional to the Modern World* (Cambridge: Cambridge University Press, 1986).

20. 关于世界人口的年均增长率的数据来自 Massimo Livi-Bacci, *A Concise History of World Population* (Oxford: Blackwell, 2007) 的下述表格：

	Asia 亚洲	Europe 欧洲	USSR 苏联	Africa 非洲	America 美洲	Oceana 大洋洲	World 世界
0–1750	.06	.07	.06	.08	.02	.06	.06
1750–1950	.51	.63	.82	.38	1.46	.74	.59
1950–	1.9	.53	.97	2.51	1.83	1.67	1.75

21. 我在这里将"城市化"的标准设定在1万居民,以助于捕捉现代期间城市化的精确的(intensive)经验。在这段时间内,大型城市变得更大,而要掌握有效城市经验就必须住在大城市中。相比之下,近代经验更像是广泛的(extensive)经验,那时很多较小的城区——居民数量在2500到10000之间——都被定义为"城市"。这一区分来自Trevor Jackson。Jan de Vries, *European Urbanization*(Cambridge, MA: Harvard University Press, 1984)。

22. 数据来自B. R. Mitchell, *International Historical Statistics. Europe 1750–2005*(Basingstoke, UK: Palgrave Macmillan, 2007);同前, *International Historical Statistics. Africa, Asia and Oceania, 1750–2005*(Basingstoke, UK: Palgrave Macmillan, 2007);同前, *International Historical Statistics. The Americas, 1750–2005*(Basingstoke, UK: Palgrave Macmillan, 2007)。

23. 这些数据,来自the United Nations, Economic and Social Affairs, *World Urbanization Prospects. The 2005 Revision*(New York: United Nations, 2006),我们对其应该持怀疑态度,因为联合国对城市化的标准是"浮动"的,这即是说,国家政府用什么标准,他们就用什么!

24. E. Salmon and J. Worsfold(eds.), *British Dominions Year Book 1918*(London: Eagle, Star and British Dominions Insurance Co, 1918)。

25. Jules Verne, *Around the World in Eighty Days*(London: Sampson, Low, Marston and Searle, 1873); John Seeley, *The Expansion of England*(Cambridge: Cambridge University Press, 1883), 296。

26. James Belich, *Replenishing the Earth: The Settler Revolution and the Rise of the Anglo-World, 1783–1939*(Oxford: Oxford University Press, 2009), 4。

27. Christopher Bayly, *The Birth of the Modern World, 1780–1914*(Oxford: Blackwell, 2009), ch. 3。

28. Suggestive exceptions are Lloyd and Susanne Rudolph, *The Modernity of Tradition: Political Development in India*（Chicago: University of Chicago Press, 1967）; Eric Hobsbawm and Terence Ranger（eds.）, *The Invention of Tradition*（Cambridge: Cambridge University Press, 1983）.

29. 已经有强有力的证据被提出，证明19世纪80年代是英国步入现代的一个决定性时刻，但这就忽视了从19世纪30年代开始的、不断加速的变革。见 Jose Harris, *Private Lives, Public Spirit: Britain 1870–1914*（London: Penguin, 1993）; Richard Price, *British Society 1680–1880: Dynamism, Containment and Change*（Cambridge: Cambridge University Press, 1999）。

第二章 陌生人社会

1. 出现在一个很长的辩论中，见 Charles H. Feinstein, "Pessimism Perpetuated: Real Wages and the Standard of Living in Britain during and after the Industrial Revolution," *Journal of Economic History,* 58, 3（1998）, 625–58; Emma Griffin, *A Short History of the British Industrial Revolution*（New York: Palgrave Macmillan, 2010）, ch. 9.

2. Simon Szreter, *Fertility, Class and Gender in Britain 1860–1940*（Cambridge: Cambridge University Press, 1996）; Massimo Livi Bacci, *A Concise History of World Population*（Oxford: Blackwell, 2007）, ch. 4.

3. Norma Landau, "The Regulation of Immigration, Economic Structures and Definitions of the Poor in Eighteenth Century England," *Historical Journal,* 33, 3（1990）, 541–72; Peter Clark and David Souden（eds.）, *Migration and Society in Early Modern England*（London: Rowman and Littlefield, 1988）. Leslie Page Moloch, *Moving Europeans: Migration in Western Europe Since 1650*（Bloomington: Indiana University Press, 2003）.

4. Joel Mokyr, *The Enlightened Economy: An Economic History of Britain 1700– 1850*（New Haven: Yale University Press, 2010）, 305.

5. 格拉斯哥、曼彻斯特和伯明翰人口的"外地人比率"分别为55.9%、54.6%和40.9%，而伦敦为38.3%。Colin G. Pooley and Jean Turnbull, *Migration and Mobility in*

Britain since the Eighteenth Century（London: UCL Press, 1998）, 3.

6. 最近一项关于超过1.6万人生活史的研究显示，在18世纪50年代至20世纪20年代期间，移民的平均距离维持在一个很低的数字：低于25英里。Pooley and Turnbull, *Migration and Mobility*, ch. 3.

7. Richard Dennis, "Modern London," in Martin Daunton（ed.）, *Cambridge Urban History of Britain, Vol. III, 1840–1950*（Cambridge: Cambridge University Press）, 117.

8. Michael Anderson, "The Social Implications of Demographic Change," in F.M.L.Thompson（ed.）, *The Cambridge Social History of Britain, 1750–1950. Vol. 2, People and their Environment*（Cambridge: Cambridge University Press, 1990）, 11–13.

9. Lynn Hollen Lees and Paul Hohenberg, *The Making of Urban Europe, 1000–1994*（Cambridge, MA: Harvard University Press, 1995）.

10. 只有70个城镇拥有2500居民，仅3个城市拥有超过2万的人口，严格来说，在1700年，仅有"人口的1%属于现代人口学定义的'流入城市人口（urbanism）'"。Peter Borsay, *The English Urban Renaissance: Culture and Society in the Provincial Town*（Oxford: Oxford University Press, 1991）, 3.

11. F. M. L. Thompson, "Town and City," in F.M.L. Thompson（ed.）, *The Cambridge Social History of Britain, 1750–1950, Vol. 1, Regions and Communities*（Cambridge: Cambridge University Press, 1990）, 13–14.

12. Arthur Redford, *Labour Migration in England, 1800–1850*（Manchester: Manchester University Press,［1926］1976）, ch. 9.

13. 我们也不该忘记有15万儿童被一些民办社团从监狱、济贫院或孤儿院送去了英国的白人殖民地。尽管其中的大部分（9万人）是在19世纪70年代至20世纪20年代期间被送走的，这种计划一直到1967年还在执行。Ronald Findlay and Kevin H. O'Rourke, *Power and Plenty: Trade, War, and the World Economy in the Second Millennium*（Princeton, NJ: Princeton University Press, 2009）, 231; R. Lawton, "Population and Society 1730–1914," in R.A. Dogshon and R.A. Butlin（eds.）, *An Historical Geography of England and Wales*（London: Academic Press, 1990）, 288–90; Marjory Harper and Stephen Constantine, *Migration and Empire*（Oxford: Oxford University Press, 2010）.

14. Kenneth Morgan, *Slavery, Atlantic Trade and the British Economy, 1660– 1800* (Cambridge: Cambridge University Press, 2001), 10.

15. David Northrup, *Indentured Labor in the Age of Imperialism, 1834–1922* (Cambridge: Cambridge University Press, 2005).

16. 这些段落参考了 Joanna Guldi, *Roads to Power: Britain Invents the Infrastructure State* (Cambridge, MA: Harvard University Press, 2012)。

17. Arthur Redford, *Labour Migration in England, 1800–1850* (Manchester: Manchester University Press,［1926］1964), 189.

18. Daniel R. Headrick, *The Tools of Empire: Technology and European Imperialism in the Nineteenth Century* (New York: Oxford University Press, 1981), pt. III.

19. Anne D. Wallace, *Walking, Literature, and English Culture: The Origins and Uses of Peripatetic in the Nineteenth Century* (Oxford: Clarendon Press, 1993); James Sharpe, *Dick Turpin: The Myth of the English Highwayman* (London: Profile Books, 2004); Kim A. Wagner, *Thuggee: Banditry and the British in Early Nineteenth Century India* (Cambridge: Cambridge University Press, 2007).

20. Richard Gooch, "A Few Thoughts on Small-Talk," *New Monthly Magazine* 5 (January– June 1823), 217. Quoted in Jo Guldi, *Roads to Power: Britain Invents the Infrastructure State* (Cambridge, MA: Harvard University Press, 2012), 191.

21. Wolfgang Schivelbusch, *The Railway Journey: The Industrialization of Time and Space in the Nineteenth Century* (Berkeley: University of California Press, 1986).

22. Charles Dickens, "Street Sketches No.1," *Morning Chronicle,* September 26, 1834, reprinted in *The Works of Charles Dickens: Sketches by Boz* (New York: P. F. Collier and Son, 1911), 129–30; Charles Manby Smith, *Curiosities of London Life, or Phases, Physiological and Social of the Great Metropolis* (London: W. and F. G. Cash, 1857), 227– 33; C. L. E. "London Society Underground," *London Society,* 1, 3 (May 1863), 267–62.

23. Max Schlesinger, *Saunterings in and about London* (London: Nathaniel Cooke, 1853), 155–56. G. F. Cruchley, *Cruchley's London in 1865: A Handbook for Strangers* (London, 1865).

24. Miles Ogborn, *Spaces of Modernity: London's Geographies 1680–1780*（London: Guilford Press, 1998）, ch. 4.

25. 用华兹华斯的话来说就是："毕竟，一个想法 / 让我费神思考：人要如何生活 / 哪怕是邻人，但我们仍称之为 / 陌生人，并不知晓彼此姓名。" Book 7, "The Prelude," 115. http://www.gutenberg.org/files/12383/12383-h/Wordsworth3c.html#24b7.

26. William Hazlitt, "On Londoners and Country People"（1823）and Thomas de Quincey, "The Nation of London"（1834）both in Rick Allen, *The Moving Pageant: A Literary Sourcebook on London Street-Life, 1700–1914*（London: Routledge, 1998）, 109–12 and 117–19.

27. Quoted in Harry Cocks, *Nameless Offences: Homosexual Desire in the Nineteenth Century*（London: I.B. Tauris, 2003）, 96; Penelope Corfield, "Walking the City Streets: The Urban Odyssey in Eighteenth-Century England," *Journal of Urban History,* 16, 2（1990）, 132–74.

28. Cocks, *Nameless Offences*; Judith Walkowitz, *City of Dreadful Delight: Narratives of Sexual Danger in Late-Victorian London*（London: Virago, 1992）; Peter Bailey, *Popular Culture and Performance in the Victorian City*（Cambridge: Cambridge University Press, 1998）; Lynda Nead, *Victorian Babylon: People, Streets and Images in Nineteenth Century London*（New Haven: Yale University Press, 2005）; Koven, *Slumming: Sexual and Social Politics in Victorian London*（Princeton, NJ: Princeton University Press, 2006）.

29. Caroline Arscott, "The Representation of the City in the Visual Arts," in Daunton（ed.）, *The Cambridge Urban History of Britain,* 811–32.

30. Lucy Hartley, *Physiognomy and the Meaning of Expression in Nineteenth Century Culture*（Cambridge: Cambridge University Press, 2001）; Jonathan Finn, *Capturing the Criminal Image: From Mug Shot to Surveillance Society*（Minneapolis: University of Minnesota Press, 2009）.

31. David Cannadine, *The Rise and Fall of Class in Britain*（NewYork:Columbia University Press, 1999）; *Ornamentalism: How the British Saw their Empire*（New York: Oxford University Press, 2001）.

32. P. Abrams, *The Origins of British Sociology, 1834–1914* (Chicago:University of Chicago Press, 1968) ; M. Bulmer, K. Bales, and K.K. Sclar (eds.) *The Social Survey in Historical Perspective, 1880–1940* (Cambridge: Cambridge University Press, 1996) ; Lawrence Goldman, *Science, Reform and Politics in Victorian Britain: The Social Science Association 1857–1886* (Cambridge: Cambridge University Press, 2002) ; Mark Freeman, *Social Investigation in Rural England, 1870–1914* (Rochester, NY: Boydell Press, 2003) ; Thomas Osborne, Nikolas Rose, and Mike Savage, "Reinscribing British Sociology: Some Critical Reflections," *Sociological Review,* 56, 4 (2008) , 519–34.

33. Stephen Kern, *The Culture of Time and Space, 1880–1918* (Cambridge, MA: Harvard University Press, 1983) ; Susanna Barrows, *Distorting Mirrors: Visions of the Crowd in Late Nineteenth Century France* (New Haven: Yale University Press, 1981) .

34. P. J. Keating, *Into Unknown England, 1866–1913: Selections from the Social Explorers* (London: Rowman and Littlefield, 1976) ; John Marriott and Masaie Matsumura (eds.) , *The Metropolitan Poor: Semi-Factual Accounts 1795–1910.* 2 vols. (London: Pickering and Chatto, 1999) ; Koven, *Slumming.*

35. Thomas Metcalf, *Ideologies of the Raj* (Cambridge: Cambridge University Press, 1997) ; Catherine Hall, *Civilized Subjects: Metropole and Colony in the English Imagination 1830–1867* (Chicago: University of Chicago Press, 2002) ; Karuna Mantena, *Alibis of Empire: Henry Maine and the Ends of Liberal Imperialism* (Princeton, NJ: Princeton University Press, 2010) ; Nancy Stepan, *The Idea of Race in Science: Great Britain, 1800–1960* (London; Archon, 1982) .

36. Gareth Stedman Jones, *Languages of Class; Studies in English Working ClassHistory, 1832–1982* (Cambridge: Cambridge University Press 1983) ; Patrick Joyce, *Visions of the People: Industrial England the Question of Class, c. 1848–1914* (Cambridge: Cambridge University Press, 1991) ; Dror Wahrman, *Imagining the Middle Class: The Political Representation of Class in Britain, c. 1780–1840* (Cambridge: Cambridge University Press, 1995) ; Jon Lawrence, *Speaking for the People: Party, Language and Popular Politics in England, 1867–1914* (Cambridge: Cambridge University Press, 1998) .

37. Jon Lawrence, "Labour and the Politics of Class, 1900–1940," in D. Feldman and J. Lawrence (eds.), *Structures and Transformations in Modern British History: Essays for Gareth Stedman Jones* (Cambridge: Cambridge University Press, 2011); Mike Savage, *Identities and Social Change in Britain since 1940* (Oxford: Oxford University Press, 2010).

38. Alan MacFarlane, *The Origins of English Individualism: The Family Property and Social Transition* (Oxford: Blackwell, 1978); Lawrence Stone, *Family, Sex and Marriage in England 1500–1800* (New York: Harper and Row, 1977); Leonore Davidoff and Catherine Hall, *Family Fortunes: Men and Women of the English Middle Class 1780–1850* (London: Routledge, 2002); Jan de Vries, *The Industrious Revolution: Consumer Behavior and the Household Economy, 1650 to the Present* (Cambridge: Cambridge University Press, 2008).

39. Anderson, "The Social Implications of Demographic Change," 65.

40. John Gillis, *A World of Their Own Making: Myth, Ritual and the Quest for Family Values* (New York: HarperCollins, 1996).

41. 这一段很大程度上参考了Anderson, "The Social Implications of Demographic Change," 39–46。这里有一个例外，即在20世纪50年代和60年代，被社会学家和社会历史学家视为传统工人阶级家庭的形式，在这种家庭中，大家族都住在同一个社区中，互相分担养育孩子的责任。然而作为20世纪初期的产物，这种家庭样式事实上已经非常古旧了，且在战后的城市规划、大规模制造业的不断衰落和对家庭的新的批评中，很快就消失了。

42. Davidoff and Hall, *Family Fortunes*.

43. Gillis, *A World of Their Own Making*.

44. Elizabeth Buettner, *Empire Families: Britons and Late Imperial India* (Oxford: Oxford University Press, 2005).

45. Susan Whyman, *The Pen and the People: English Letter Writers, 1660–1800* (Oxford: Oxford University Press, 2009); David Vincent, *Literacy and Popular Culture: England, 1750–1914* (Cambridge: Cambridge University Press, 1989), ch. 2.

46. Buettner, *Empire Families*; Michael Roper, *The Secret Battle: Emotional Survival in the*

Great War (Manchester: Manchester University Press, 2009) .

47. Harry Cocks, "The Cost of Marriage and the Matrimonial Agency in Late Victorian Britain," *Social History,* 38, 1 (2013) , 66–88.

48. Harry Cocks, *Classified: The Secret History of the Personal Column* (London: Random House, 2009) .

49. Charles Taylor, *Sources of the Self: The Making of Modern Identity* (Cambridge, MA: Harvard 1992) ; Carolyn Steedman, *Strange Dislocations: Childhood and the Idea of Human Interiority, 1780–1930* (Cambridge, MA: Harvard University Press, 1995) ; Roy Porter (ed.) , *Rewriting the Self: Histories from the Renaissance to the Present* (London: Routledge, 1996) ; Dror Wahrman, *The Making of the Modern Self: Identity and Culture in the Eighteenth Century England* (New Haven: Yale University Press, 2006) .

50. 因此化装舞会不仅仅是一个模糊，跨越了性别、种族和阶级界限的场所。Terry Castle, *Masquerade and Civilization: The Carnivalesque in Eighteenth Century English Fiction and Culture* (Stanford, CA: Stanford University Press, 1986) ; Wahrman, *The Making of the Modern Self.*

51. Bailey, *Popular Culture and Performance in the Victorian City*; Koven, *Slumming;* James Vernon, "'For Some Queer Reason': The Trials and Tribulations of Colonel Barker," *Signs,* 26, 1 (2000) , 37–62; Angus McLaren, "Smoke and Mirrors: Willy Clarkson and the Role of Disguises in Inter War England," *Journal of Social History,* 40, 3 (2007) , 597–618.

52. David Anixter, "Born Again for the First Time: Religious Conversion, Self and Society in Britain, c. 1680–1850." PhD diss. University of California- Berkeley, forthcoming, 2015; David Vincent, *Bread, Knowledge: A Study of Nine- teenth Century Working Class Autobiography* (London: Routledge, 1982) ; Brian Harrison, *Drink and the Victorians: The Temperance Question in England 1815–1872* (Keele: Keele University Press, 1971) ; Stefan Collini, "The Idea of 'Character'in Victorian Political Thought," *Transactions of the Royal Historical Society,* 5th Series, 35 (1985) , 29–50.

53. Alison Winter, *Mesmerized: Powers of Mind in Victorian Britain* (Chicago: University of Chicago Press, 1998) ; Alex Owen, *The Place of Enchantment: British Occultism and*

the Culture of the Modern（Chicago: University of Chicago Press, 2004）; Nikolas Rose, *Governing the Soul: The Shaping of the Private Self*（London: Routledge, 1999）; Mathew Thomson, *Psychological Subjects: Identity, Health and Culture in Twentieth Century Britain*（Oxford: Oxford University Press, 2006）.

第三章 统治陌生人

1. 在一部大部头文学作品中有一个小样本，见 G. R. Elton, *The Tudor Revolution in Government: Administrative Changes in the Reign of Henry VIII*（Cambridge: Cambridge University Press, 1953）; Michael J. Braddick, *State Formation in Early Modern England, 1550–1700*（Cambridge: Cambridge University Press, 2000）; John Brewer, *Sinews of Power: War, Money and the English State, 1688– 1783*（Cambridge, MA: Harvard University Press, 1989）; Lawrence Stone（ed.）, *An Imperial State at War: Britain from 1689 to 1815*（London: Routledge, 1994）; Oliver MacDonagh, "The Nineteenth Century Revolution in Government," *Historical Journal,* 1（1958）, 52–67; James Cronin, *The Politics of State Expansion: War, State and Society in Twentieth Century Britain*（London: Routledge, 1991）。

2. Benjamin Elman, *A Cultural History of Civil Examinations in Late Imperial China*（Berkeley: University of California Press, 2000）.

3. 尽管这些治国的新形式在东亚的东印度公司政府已初具雏形，但如中华帝国的科举考试一样，它最初出现的目的并不是治理陌生人，而是培训行政人员，使其熟悉基本的官僚程序。Eric Stokes, *The English Utilitarians and India*（Oxford: Oxford University Press, 1990 [1959]）; Jon E. Wilson, *The Domination of Strangers: Modern Governance in Eastern India, 1780–1835*（Basingstoke: Palgrave Macmillan, 2008）。也见 Bhavani Raman, *Document Raj: Writing and Scribes in Early Colonial South India*（Chicago: University of Chicago Press, 2012）。

4. Edward Higgs, *The Information State in England: The Central Collection of Information on Citizens, 1500–2000*（Basingstoke: Palgrave Macmillan, 2004）; Daniel R. Headrick, *When Information Came of Age: Technologies of Knowledge in the Age of Reason and*

Revolution 1700–1850 (New York: Oxford University Press, 2002) ; Mike Braddick, *State Formation in Early Modern England, c. 1550–1700* (Cambridge: Cambridge University Press, 2000) .

5. Gabriel Wolfenstein, "Public Numbers and the Victorian State: The General Registrar's Office, the Census, and Statistics in Nineteenth Century Britain." PhD diss. University of California-Los Angeles, 2004; idem., "Recounting the Nation: The General Register Office and Victorian Bureaucracies," *Centaurus,* 49, 4 (2007) , 261–88.

6. Bernard S. Cohn, "The Census, Social Structure and Objectification in South Asia," *An Anthropologist among the Historians and Other Essays* (New York: Oxford University Press, 1984) , 224–54. Also A. Appadurai, "Numbers in the Colonial Imagination," in C. A. Breckenridge and P. van der Veer (eds.) , *Orien- talism and the Postcolonial Predicament: Perspectives on South Asia* (Philadelphia: University of Pennsylvania Press, 1993) , 314–40; Nicholas Dirks, *Castes of Mind. Colonialism and the Making of Modern India* (Princeton, NJ: Princeton University Press, 2001) ; Timothy Mitchell, *The Rule of Experts: Egypt, Technopolitics and Modernity* (Berkeley: University of California Press, 2002) .

7. 比如，参见 Mitchell's discussion of the 1917 census in Egypt: Mitchell, *The Rule of Experts,* 122.

8. Dirks, *Castes of Mind.*

9. J. Athelstane Baines, "The Population of the British Empire," *Journal of the Royal Statistical Society,* 69, 2 (1906) , 441.

10. A. J. Christopher, "The Quest for a Census of the British Empire c. 1840–1940," *Journal of Historical Geography,* 34, 2 (2008) , 268–85; Karl Ittmann, *A Problem of Great Importance: Population, Race and Power in the British Empire, 1918–1973* (Berkeley: University of California Press, 2014)。

11. Higgs, *The Information State in England,* 79; Tom Crook and Glen O'Hara (eds.) , *Statistics and the Public Sphere: Numbers and People in Modern Britain, c 1800–2000* (London: Routledge, 2011) .

12. Matthew Edney, *Mapping an Empire: The Geographical Construction of British India*

1765–1843（Chicago: University of Chicago Press, 1997）; Patrick Joyce, *The State of Freedom: A Social History of the British State since 1800*（Cambridge: Cambridge University Press, 2013）, ch. 1; Mitchell, *The Rule of Experts*.

13. Brewer, *Sinews of Power;* Miles Ogborn, *Spaces of Modernity: London's Geographies, 1680–1780*（London: Guilford, 1998）, ch. 5; Philip Harling, *The Modern British State: An Historical Introduction*（Cambridge: Polity, 2001）; Patrick O'Brien, "The Political Economy of British Taxation, 1660–1815," *Economic History Review,* 41（1988）, 1–32.

14. William J Ashworth, *Customs and Excise: Trade, Production and Consumption in England,* 1640–1845（Oxford: Oxford University Press, 2003）, 363.

15. Martin J. Daunton, *Trusting Leviathan: The Politics of Taxation in Britain, 1799–1914*（Cambridge: Cambridge University Press, 2001）; 同前, *Just Taxes: The Politics of Taxation in Britain, 1914–1979*（Cambridge: Cambridge University Press, 2002）. Pace, Daunton, 让英国人信赖国家政府的是这个体系的匿名和公正的本质, 以及它的低价和效率。

16. Ranajit Guha, *A Rule of Property for Bengal: An Essay on the Idea of Permanent Settlement*（Durham, NC: Duke University Press, 1996［1963］）; Shankar Madhave Pagar, *The Indian Income Tax: Its History, Theory and Practice*（Sayaji Gunj Baroda: Lakshmi Vilas Press, 1920）; Ritu Birla, *Stages of Capital: Law, Culture and Market Governance in Late Colonia India*（Durham, NC: Duke University Press, 2009）.

17. David Vincent, *The Culture of Secrecy Britain, 1832–1988*（Oxford: Oxford University Press, 1999）; James Vernon, *Hunger. A Modern History*（Cambridge, MA: Harvard University Press, 2007）; Higgs, *The Information State in England.*

18. Jon Agar, *The Government Machine: A Revolutionary History of the Computer*（Cambridge, MA: MIT Press, 2003）.

19. Oliver MacDonagh, "Delegated Legislation and Administrative Decretions in the 1850s," *Victorian Studies,* 2, 1（1958）, 29–44; G. Kitson Clark, "'Statesmen in Disguise': Reflections on the History of the Civil Service," *Historical Journal,* 2, 1（1959）, 19–39; D.M. Young, *The Colonial Office in the Early Nineteenth Century*（1961）; B. Cohn, "The

Recruitment and Training of British Civil Servants in India," in *An Anthropologist among the Historians, 500–553*; Roy MacLeod（ed.）, *Government and Expertise: Specialists, Administrators and Professionals, 1860– 1919*（Cambridge: Cambridge University Press,1988）.

20. H. Finer, *The British Civil Service*（London: Fabian Society, 1937）.

21. 尽管这也是一系列官僚主义生活方式和实践的产物。档案系统制度（filing system）就是一个很好的例子。每起事件都要单独建档，而当这份档案在部门中流传时，不同的个人就会对档案内容做出自己的诠释和理解，一些个人意见会在"协同审议"（collaborative deliberation）的作用下服从于一种对重要历史和事件的客观概述。Clark, "'Statesmen in Disguise'"; Oliver MacDonagh, *Early Victorian Government, 1830–1870*（London: Weidenfeld and Nicholson, 1977）; Cohn, *An Anthropologist among the Historians, 500–553*; Patrick Joyce, "Filing the Raj: Political Technologies of the Imperial British State," in Tony Bennet and Patrick Joyce（eds.）, *Material Powers: Cultural Studies, History and the Material Turn*（New York: Routledge, 2010）, 102–23.

22. *The Civil Service, Vol. 3, Social Survey of the Civil Service: Evidence Submitted to the Committee under the Chairmanship of Lord Fulton, 1966–68*（London: H.M.S.O., 1969）, ch. 1; Vincent, *The Culture of Secrecy*; Joyce, *The State of Freedom*, ch. 3.

23. Chris Otter, *The Victorian Eye. A Political History of Light and Vision in Britain, 1800–1910*（Chicago: University of Chicago Press, 2008）, ch. 3; Tom Crook, "Sanitary Inspection and the Public Sphere in Late Victorian and Edwardian Britain," *Social History*, 32, 4（2007）, 369–93.

24. Vincent, *The Culture of Secrecy*.

25. David Taylor, *The New Police in Nineteenth Century England*（Manchester: Manchester University Press, 1997）; V. A. C. Gatrell, "Crime, Authority and the Police-Man State," in F. M. L. Thompson（ed.）, *The Cambridge Social History of Britain 1750–1950, Vol.*3（Cambridge: Cambridge University Press, 1990）, 243–310.

26. Headrick, *Tools of Empire*, 84.

27. Derek Gregory, "The Friction of Distance: Information Circulation and the Mails in Early

Nineteenth Century England," *Journal of Historical Geography,* 13, 2（1987）, 130–54; M. J. Daunton, *Royal Mail: The Post Office since 1840*（London: Athlone, 1985）.

28. F. C. Mather, "The Railways, the Electric Telegraphy and Public Order during the Chartist Period, 1837–48," *History,* 38, 132（1953）, 40–53; Headrick, *Tools of Empire,* ch. 11；同前, *Tentacles of Progress: Technology Transfer in the Age of Imperialism, 1850–1940*（New York: Oxford University Press, 1988）, ch. 4.

29. Walter Bagehot, *The English Constitution*（Oxford: Oxford University Press, [1867] 2009）. 感谢 Seth Koven，比我更清楚明白我的论述。

30. 威斯敏斯特官的建筑师查尔斯·巴里爵士，还设计了特拉法加罗广场的新布局，包括它的喷泉在内。

31. G. Alex Bremner, "Nation and Empire in the Government Architecture of Mid-Victorian London: The Foreign and India Office Reconsidered," *Historical Journal,* 48, 3（2005）, 703–42; George S. Dugdale, *Whitehall through the Centuries*（London: Phoenix House, 1950）; Susan Foreman, *From Palace to Power: An Illustrated History of Whitehall*（Brighton: Alpha Press, 1995）.

32. Thomas Metcalf, *An Imperial Vision: Victorian Architecture and Britain's Raj.*（Berkeley: University of California Press, 1989）.

33. 一个早期的有趣例子，见 Barbara Metcalf, "On the Cusp of Colonial Modernity: Administration, Women and Islam in Princely Bhopal," 转引自 "Modernity, Diversity and the Public Sphere: Negotiating Religious Identities in 18th–20th Century India." Max-Weber-Kolleg, University of Erfurt, Germany, September 23–25, 2010。

34. Richard Price, *Making Empire: Colonial Encounters and the Creation of Imperial Rule in Nineteenth Century Africa*（Cambridge: Cambridge University Press, 2008）, chs. 8 and 9.

35. Terry Ranger, "The Invention of Tradition in Colonial Africa," in Eric Hobsbawm and Terry Ranger（eds.）, *The Invention of Tradition*（Cambridge: [148] Cambridge University Press, 1983）; Mahmood Mamdani, *Citizen and Subject: Contemporary Africa and the Legacy of Late Colonialism*（Princeton, NJ: Princeton University Press, 1996）; Thomas Metcalf, *Ideologies of the Raj*（Cambridge: Cam- bridge University Press, 1997）; David

Cannadine, *Ornamentalism: How the British Saw Their Empire* (London: Allen Lane, 2001).

36. Philip Mason, *The Men Who Ruled India, Vol. 2, The Guardians* (NewYork: St. Martins, 1954); Clive Dewey, *Anglo-Indian Attitudes: The Mind of the Indian Civil Service* (London: Hambledon, 1993); L. H. Gann and P. Duingnan, *The Rulers of British Africa, 1870–1914* (Stanford, CA: Stanford University Press, 1978); Anthony Kirk Greene, *Symbol of Authority: The British District Officer in Africa* (London: I.B. Tauris, 2006).

37. Nicola Sheldon, "The School Attendance Officer 1900–1939: From Policeman to Welfare Worker?" *History of Education,* 36, 6 (2007), 735–46, Seth Koven, *Slumming: Sexual and Social Politics in Victorian London* (Princeton, NJ: Princeton University Press, 2006); Harry Hendrick, *Child Welfare: England, 1872–1989* (London: Routledge, 1994).

第四章 与陌生人结盟

1. T. B. Macaulay, *The History of England, Vol.* 3 (London: Longmans, Green and Co., ([1848] 1898), ch. 3; Jürgen Habermas, *The Structural Transformation of the Public Sphere* (Cambridge: Polity, 1989).

2. James Vernon, *Politics and the People: A Study in English Political Culture and Communication, 1815–1867* (Cambridge: Cambridge University Press, 1993); Jon Lawrence, "Paternalism, Class, and the British Path of Modernity," in Simon Gunn and James Vernon (eds.), *The Peculiarities of Liberal Modernity in Imperial Britain* (Berkeley: University of California Press, 2011); Patrick Joyce, *The Rule of Freedom: Liberalism and the Modern City* (London: Verso, 2003).

3. Peter Clark, *British Clubs and Societies 1580–1800: The Origins of an Associa- tional World* (Oxford: Clarendon Press, 2000), 90 and 128.

4. Jessica Harland, *Builders of Empire: Freemasons and British Imperialism, 1717–1927* (Chapel Hill: University of North Carolina Press, 2007), 2–4.

5. Alastair J. Reid, *United We Stand: A History of Britain's Trade Unions* (London: Penguin

Books, 2005）.

6. Clark, *British Clubs and Societies 1580–1800*, 70.

7. Penelope Ismay, *Trust among Strangers: Securing British Modernity "by Way of Friendly Society," 1780s—1870s*（Berkeley: University of California Press, 2010）.

8. 这一整段参考 Reid, *United We Stand*。

9. 板球是个例外，其比赛规则早在18世纪就确定了，并自1787年起由玛丽勒本板球俱乐部（Marylebone Cricket Club，简称"MCC"）管理制定。值得注意的是，在1890年英国开始采用"郡"（County）这个行政区划前，板球队一直以教区为单位进行划分。

10. John Brewer, *Party Ideology and Popular Politics at the Accession of George III*（Cambridge: Cambridge University Press, 1976）, 175.

11. The exception was the loyalist Association for the Preservation of Liberty and Property that reputedly boasted 2,000 branches and a strong central organizing committee in London. In contrast, there were just 120 Political Unions clustered mainly in the north and midlands, boasting a membership of 18,000 and attracting more than 200,000 to all their meetings. Nancy LoPatin, *Political Unions, Popular Politics, and the Great Reform Act of* 1832（Basingstoke: Palgrave Macmillan, 1999）; Robert Dozier, *For King, Constitution and Country: The English Loyalists and the French Revolution*（Lexington: University Press of Kentucky, 1983）.

12. James Epstein, *The Lion of Freedom: Feargus O'Connor and the Chartist Move- ment, 1832–1842*（Brighton: Croom Helm, 1982）; John Belchem and James Epstein, "The Gentleman Leader Revisited," *Social History*, 22, 2（1997）, 174–93.

13. Dorothy Thompson, *The Chartists:Popular Politics in the Industrial Revolution*（London: Pantheon, 1984）, 49; Aled Jones, "Chartist Journalism and Print Culture in Britain, 1830–1855," in J. Allen and O. Ashton（eds.）, *Papers for the People: A Study of the Chartist Press*（London: Merlin Press）, 3–24.

14. Malcolm Chase, "National Charter Association of Great Britain（*act*. 1840–1858），" *Oxford Dictionary of National Biography*.www.oxforddnb.com/view /theme/92506

15. Paul Pickering and Alex Tyrell, *The People's Bread: A History of the Anti- Corn Law League*（London: Leicester University Press, 2000）.

16. Jon Lawrence, *Electing Our Masters: The Hustings in British Politics from Hogarth to Blair*（Oxford: Oxford University Press, 2009）, 78–80. James Thompson, "'Pictorial Lies?' Posters and Politics in Britain, c. 1880–1914," *Past and Present,* 197（2007）, 177–200; Kathryn Rix, "The Party Agent and English Electoral Culture, 1880–1906." PhD diss. University of Cambridge, 2001.

17. Derek Beales, "Parliamentary Parties and the Independent Member, 1800–1860," in Robert Robson（ed.）, *Ideas and Institutions in Victorian Britain*（London: Bell, 1967）, 1–19.

18. 同样，两个党派都企图控制工业、争取妇女的支持：保守党通过樱草会（Primrose League，1883），自由党通过妇女自由联合会（Women's Liberal Federation，1886）。后者的成员数量在1912达到了133 125人的巅峰值，但仍然难以匹敌其对手——同年，樱草会已拥有65万成员。见Anthony Seldon and Peter Snowdon, *The Conservative Party*（Stroud: Sutton, 2004）, 211。

19. Moisey Ostrogorski, *Democracy and the Organization of Political Parties*.2 vols.（London: Macmillan, 1902）.

20. John Vincent, *The Formation of the British Liberal Party 1857–1868*（London: Constable, 1966）; Patrick Joyce, *Visions of the People: Industrial England the Question of Class, c. 1848–1914*（Cambridge: Cambridge University Press, 1991）; Eugenio Biagini, *Liberty, Retrenchment and Reform: Popular Liberalism in the Age of Gladstone, 1860–1880*（Cambridge: Cambridge University Press, 1992）.

21. Jon Lawrence, *Speaking for the People: Party, Language and Popular Politics in England 1867–1914*（Cambridge: Cambridge University Press, 1998）; 同前, "Labour: The Myths It Has Lived By," in D. Tanner, P. Thane, N. Tiratsoo（eds.）, *Labour's First Century*（Cambridge: Cambridge University Press, 2007）, 341–66.

22. Laura Mayhall, *The Militant Suffrage Movement: Citizenship and Resistance in Britain, 1860–1930*（Oxford: Oxford University Press, 2003）.

23. Benedict Anderson, *Imagined Communities; Reflections on the Origins and Spread of Nationalism*（London: Verso, 1983）.

24. Peter Lake and Steve Pincus, "Rethinking the Public Sphere in Early Modern England," *Journal of British Studies,* 45, 2（2006）, 270–92.

25. Thomas de Quincey, "The English Mail-Coach," *Blackwood's Edinburgh Magazine*（October,1849）.

26. A. P. Wadsworth, "Newspaper Circulations, 1800–1954," *Proceedings of the Manchester Statistical Society*（1955）; Aled Jones, *Powers of the Press: Newspapers, Power and the Public in Nineteenth-Century England*（Aldershot: Scolar, 1996）.

27. Jeremy Black, "The Development of the Provincial Newspaper Press in the Eighteenth Century," *Journal for Eighteenth Century Studies,* 14, 2（2008）, 159–70; Andrew Walker, "The Development of the Provincial Press in England c. 1780–1914," *Journalism Studies,* 7, 3（2006）, 373–86; Wadsworth, "Newspaper Circulations 1800–1954."

28. Donald Read, *The Power of News: The History of Reuters 1849–1989*（Oxford: Oxford University Press, 1992）.

29. Simon Potter, *News and the British World: The Emergence of an Imperial Press System*（Oxford: Clarendon Press, 2003）; Chandrika Kaul, *Reporting the Raj: The British Press and India, c. 1880–1922*（Manchester: Manchester University Press, 2003）; 同前, *Media and the British Empire*（Basingstoke: Palgrave Macmillan, 2006）。在英国的"非正式帝国"（informal empire）中也会有英语报纸，如在阿根廷和巴西。*The Newspaper Press Directory and Advertisers Guide*（London: Mitchell, 1905）.

30. Andrew Walker, *A Skyful of Freedom: Sixty Years of the BBC World Service*（London: Broadside Books, 1992）; Caroline Ritter, "The Cultural Project of the Late British Empire"（Ph.D diss. University of California-Berkeley, 2015, forthcoming）.

31. James Thompson, *British Political Culture and the Idea of "Public Opinion," 1867–1914*（Cambridge: Cambridge University Press, 2013）. Thomas Osborne and Nikolas Rose, "Do the Social Sciences Create Phenomena: The Case of Public Opinion Research," *British Journal of Sociology,* 50, 3（1999）, 367–96; Brian Harrison, *The Transformation of British*

Politics 1860–1995 (Oxford: Oxford University Press, 1996) , 230–43.

32. Derek Hirst, *The Representatives of the People? Voters and Voting in England under the Early Stuarts* (Cambridge: Cambridge University Press, 1975) ; Mark Kishlansky, *Parliamentary Selection: Social and Political Choice in Early Modern England* (Cambridge: Cambridge University Press, 1986) ; J. H. Plumb, "The Growth of the Electorate in England from 1600–1715," *Past and Present,* 45 (1969) , 90–116.

33. Lewis Namier, *The Structure of Politics at the Accession of George III* (London: Macmillan, 1929) ; Frank O'Gorman, *Voters, Patrons, and Parties: The Unreformed Electoral System of Hanoverian England 1734–1832* (Oxford: Oxford University Press, 1989) . 在 1689 年到 1715 年间共有多达 12 次选举,直到《七年议院法》(Septennial Act, 1715) 颁布,该法案确保了 16 世纪剩余的 85 年里只有 13 次选举。在 1802 年到 1831 年间,出现了最后一次"选举潮",共有 9 次选举。

34. 更多不同种类的选区,见 O'Gorman, *Voters, Parties and Patrons;* John Phillips, *Electoral Behaviour in Unreformed England* (Princeton, NJ: Princeton University Press, 1982) ; R. G.Thorne, *The House of Commons, 1754–1790.* 2 vols. (London: Secker and Warburg, 1986)。

35. 在偏远郡县,选举权会放宽给年收入 10 磅以上的公簿持有农 (Copy-holder) 和租借人 (Leaseholder) 以及住屋年值租金 50 磅的房客。但这仅仅是在过去的 40 先令业主选举权的基础上扩大了范围而已。

36. Katherine Rix, "'The Elimination of Corrupt Practices in British Election'? Reassessing the Impact of the 1883 Corrupt Practices Act," *English Historical Review,* 123 (2008) , 65–97; K. Theodore Hoppen, "Roads to Democracy: Electioneering and Corruption in Nineteenth Century England and Ireland," *History,* 91 (1996) , 553–71; Alan Heesom, "'Legitimate' versus 'Illegitimate' Influences":Aristocratic Electioneering in Mid-Victorian Britain," *Parliamentary History,* 7, 2 (1988) , 282–305; C. Seymour, *The Elimination of Corrupt Practices in British Elections, 1868–1911* (New Haven: Yale University Press, 1915) .

37. 为了不记名投票而进行的呼吁和运动最早出现在 1835 年,早在选票社 (Ballot Society, 1853) 成立以前,但这些运动都规模很小且无足轻重。它们出现的情况只有标新立异的议员在每年一度的国会上提出议案时，或爆发偶尔请愿活动时（1868—1869年，请愿数量达到99次，共有7000人次在请愿书上签名）。Frank O'Gorman, "The Secret Ballot in Nineteenth Century Britain," in R. Bertrand, J.-L. Briquet and P. Pels（eds.）, *Cultures of Voting: The Hidden History of the Secret Ballot*（London: C. Hurst and Co., 2007）; Malcolm and Tom Crook, "The Advent of the Secret Ballot in Britain and France, 1789–1914: From Public Assembly to Private Compartment," *History,* 92, 308（2007）, 449–71; 同前, "Reforming VotingPractices in a Global Age: The Making and Remaking of the Modern Secret Ballot in Britain, France and the United States, c. 1600–c. 1950," *Past and Present,* 212（August 2011）, 199–237; Elaine Hadley, *Living Liberalism: Practical Citizenship in Mid-Victorian Britain*（Chicago: University of Chicago Press, 2010）, ch. 4.

38. O'Gorman, "The Secret Ballot in Nineteenth Century Britain," 33.

39. Matthew Roberts, "Resisting 'Arithmocracy': Parliament, Community, and the Third Reform Act," *Journal of British Studies,* 50, 2（2011）, 381–409. For two pertinent intellectual histories see Sandra Den Otter, "'Thinking in Communities': Late Nineteenth-Century Liberals, Idealists and the Retrieval of Community," *Parliamentary History,* 16（1997）, 67–84; Karuna Mantena, *Alibis of Empire: Henry Maine and the Ends of Liberal Imperialism*（Princeton, NJ: Princeton University Press, 2009）.

40. "多重投票"首次出现在1818年，但最终于1918年被废除。它在后来被巧妙地更名为"双重投票"，以避免出现理解上的混淆、杜绝另一种投票形式：如果选民有足够多的财产或其他资格，他们就可以在不同的选区多次投票。"双重投票"有效地减少了所有类型的多重投票者，从战前的50万人降低到22.7万人（其中拥有企业选举权的为15.9万人，拥有大学选举权的为6.8万人。）

41. Nicoletta Gullace, *The Blood of Our Sons: Men, Women and the Renegotiation of British Citizenship during the Great War*（Basingstoke: Palgrave Macmillan, 2004）, 167–94; Joseph Meisel, "A Magnificent Fungus on the Political Tree: The Growth of University Representation in the United Kingdom, 1832–1950," *History of Universities,* 23, 1（2008）, 109–86。1948年，英国的最后10个双议席选区也被废除了。

42. Mrinalini Sinha, *Spectres of Mother India: The Global Restructuring of an Empire*

(Durham, NC: Duke University Press, 2006), ch. 5; Mahmood Mamdani, *Citizen and Subject: Contemporary Africa and the Legacy of Late Colonialism* (Princeton, NJ: Princeton University Press, 1996).

43. David Gilmartin, "Election Law and the 'People' in Colonial and Post-colonial India," in D. Chakrabarty, R. Majumdar, and A. Sartori (eds.), *From the Colonial to the Postcolonial: India and Pakistan in Transition* (Delhi: Oxford University Press, 2007), 55–82; Christophe Jaffrelot, "Voting in India: Electoral Symbols, the Party System and the Collective Citizen," and Peter Pels, "Imagining Elections: Modernity, Mediation, and the Secret Ballot in Late Colonial Tanganayika," in Bertrand et al. (eds.), *Cultures of Voting*.

44. 关于法国共和党的民主模式的论述，见 Pierre Rosanvallon, *Democracy: Past, Present and Future* (New York: Columbia University Press, 2007); *Counter Democracy: Politics in an Age of Mistrust* (Cambridge: Cambridge University Press 2008)。

第五章　陌生人经济

1. Eric Hobsbawm, *Industry and Empire: The Making of Modern English Society, 1750 to the Present Day* (London: Pantheon, 1968), xi.

2. Peter Mathias, *The First Industrial Nation: The Economic History of Britain 1700–1914* (London: Methuen, 1969); Gareth Stedman Jones, *An End of Poverty? A Historical Debate* (New York: Columbia University Press, 2004), ch. 4; D. C. Coleman, *Myth, History and the Industrial Revolution* (London: Hambledon, 1992), ch. 1.

3. 尽管在过去的三十年中，学者已经把"革命"从"工业化"中剔除了，但他们将英国工业革命视为一起具有改革性的全球事件的兴趣正渐渐复苏。M. Berg and P. Hudson, "Rehabilitating the Industrial Revolution," *Economic History Review*, 45, 1 (1992): 24–50; Jan de Vries, *The Industrious Revolution: Consumer Behaviour and the House-hold Economy 1650 to the Present* (Cambridge: Cambridge University Press, 2008); Robert Allen, *The British Industrial Revolution in Global Perspective* (Cambridge: Cambridge University Press, 2009); Joel Mokyr, *The Enlightened Economy: An Economic History of*

Britain 1700–1850(New Haven: Yale University Press, 2010); E. A. Wrigley, *Energy and the Industrial Revolution*(Cambridge: Cambridge University Press, 2010).

4. Harold Perkin, *The Origins of Modern English Society, 1780–1880*(London: Routledge, Kegan and Paul, 1969); Allan MacFarlane, *The Culture of Capitalism*(Oxford: Blackwell, 1987); de Vries, *The Industrous Revolution*.

5. Avner Grief, "The Birth of Impersonal Exchange: The Community Responsibility System and Impartial Justice," *Journal of Economic Perspectives,* 20, 2(2006), 221–36. Aslo see Olivia Constable, *Housing the Stranger in the Mediterranean World: Lodging, Trade, and Travel in Late Antiquity and the Middle Ages*(Cambridge: Cambridge University Press, 2003); Francesca Trivellato, *The Familiarity of Strangers: The Sephardic Diaspora, Livorno, and Cross Cultural Trade in the Early Modern Period*(New Haven: Yale University Press, 2009). See also Philip D. Curtin, *Cross-Cultural Trade in World History*(Cambridge: Cambridge University Press, 1984).

6. C. Knick Harley, "Trade: Discovery, Mercantilism and Technology," in Roderick Floud and Paul Johnson(eds.), *The Cambridge Economic History of Britain, Vol. 1, Industrialisation 1700–1860*(Cambridge: Cambridge University Press, 2004), 175–203; Ronald Findlay and Kevin O'Rourke, *Power and Plenty: Trade, War and the World Economy in the Second Millennium*(Princeton, NJ: Princeton University Press, 2007), chs. 4 and 5; Kevin O'Rourke and Jeffrey Williamson, "After Columbus: Explaining Global Trade Boom 1500–1800," *Journal of Economic History,* 60, 2(2002): 417–56.

7. E. P. Thompson, "The Moral Economy of the English Crowd in the Eighteenth Century," *Past and Present,* 50, 1(1971), 76–136.

8. John J. McCusker, "The Demise of Distance: The Business Press and the Origins of the Information Revolution in the Early Modern Atlantic World," *American Historical Review,* 110, 2(2005), 295–321; Natasha Glaisyer, *The Culture of Commerce in England 1660–1720*(Woodbridge: Boydell Press, 2006), ch. 1; David Hancock, *Citizens of the World: London Merchants and the Integration of the British Atlantic Community, 1735–1785*(Cambridge: Cambridge University Press, 1995); R. Grassby, *The Business Community*

of Seventeenth Century England（Cambridge: Cambridge University Press, 1995）; Pat Hudson, "Industrial Organisation and Structure," in Floud and Johnson（eds.）, *The Cambridge Economic History of Britain, Vol.* 1, 28–56.

9. Ranald C. Michie, *The London Stock Exchange: A History*（Oxford: Oxford University Press, 1999）, 15.

10. Anne Murphy, *The Origins of English Financial Markets: Investment and Speculation Before the South Sea Bubble*（Cambridge: Cambridge University Press, 2012）, chs. 4 and 5; Alex Preda, *Framing Finance: The Boundaries of Markets and Modern Capitalism*（Chicago: Chicago University Press, 2009）, 113.

11. 城市金融服务机构的其他部分也经历了类似的变化。商人银行（merchant bank）的可信度通常依赖于其所有者家族的声望（巴林家族［Barings］、华伯格家族［Warburgs］、罗斯柴尔德家族［Rothschilds］），这些银行在1773年建立了伦敦结算所（London Clearing House），以此来促进31名成员之间的交易。次年，参与海上保险生意的会员将劳埃德船级社（Lloyds）从咖啡屋搬进了英国皇家交易所，并建立了一个治理委员会，来制定顾客接纳标准。

12. Mokyr, The Enlightened Economy, 28–29.

13. 转引自 James Taylor, *Creating Capitalism: Joint Stock Enterprise in British Politics and Culture, 1800–1870*（Woodbridge: Boydell Press, 2006）, 27.

14. Taylor, *Creating Capitalism;* Mark Freeman, Robin Pearson, and James Taylor, *Shareholder Democracies? Corporate Governance in Britain and Ireland before 1850*（Chicago: University of Chicago Press, 2012）.

15. Charles Babbage, *On the Economy of Machinery and Manufacturers*（London: Charles Knight, 1832）; A. Ure, *Philosophy of Manufacturers*（London: Charles Knight, 1835）.

16. David Cannadine, *The Rise and Fall of Class in Britain*（New Haven: Yale University Press, 2000）, 117–18.

17. Mokyr, *The Enlightened Economy,* 3.

18. Wayne Parsons, *The Power of the Financial Press: Journalism and Economic Opinion in Britain and America*（New Brunswick, NJ: Rutgers University Press, 1989）, 12; John

J. McCusker, "The Business Press in England before 1775," in his *Essays in the Economic History of the Atlantic World*（London, 1997）；同前，"The Demise of Distance"；L. Neal, "The Rise of a Financial Press: London and Amsterdam, 1681–1810," *Business History,* 30（1988）, 163–78; Murphy, *The Origins of English Financial Markets*, chs. 4 and 5; Julian Hoppit, "The Contexts and Contours of British Economic Literature 1660–1760," *Historical Journal,* 49, 1（2006）, 79–110.

19. "想要知道印度靛蓝染料是什么价格、开往牙买加的船是哪些……哪些公司曾陷入商业危机，商人就必须与其同行交换情报。与不同的人一起散步一小时，他就能得到比一周的公报内容都多的信息。"引自 arsons, *The Power of the Financial Press,* 13。

20. Parsons, *The Power of the Financial Press,* 17; J. J. McCusker and C. Gravesteijn, *The Beginnings of Commercial and Financial Journalism*（Amsterdam: Nederlandsch Economisch-Historisch Archief, 1991）, 288–89.

21. Natasha Glaisyer, "Calculating Credibility: Print Culture, Trust and Economic Figures in Early Eighteenth-Century England," *Economic History Review,* 60, 4（2007）, 685–711; idem, *The Culture of Commerce in England 1660–1720*, ch. 1.

22. Desmond FitzGibbon, "Assembling the Property Market in Imperial Britain, c. 1750–1925." PhD diss. University of California-Berkeley, 2011, 19.

23. Parsons, *The Power of the Financial Press;* Mary Poovey, *The Financial System in Nineteenth Century Britain*（New York: Oxford University Press, 2002）, 25–32.

24.《金融时报》（*Financial Times*）将自己描述为"诚实金融家、真诚投资人、高尚经纪人、真正管理者与合法投机商的朋友"。Parsons, *The Power of the Financial Press*, 38–39。Preda 认为，整个 19 世纪，至少有 52 份与股票交易相关的刊物（大多数都很"短命"）出版。Preda, *Framing Finance*, 89。

25. Charles Duguid, *How to Read the Money Article*（London, 1901）. 1936 年，该书的第 6 次再版仍然在售。

26. *Beeton's Guide Book to the Stock Exchange and Money Markets: With Hints to Investors, and the Chances of Speculators*（London: Ward, Lock and Tyler, 1870）; *Beeton's Guide to Investing Money with Safety and Profit*（London: Ward, Lock and Tyler, 1872）; Charles

Castelli, *The Rationale of Market Fluctuations*（London: F. C. Mathieson, 1876）; 同前，*The Theory of "Options" in Stocks and Shares*（London: F. C. Mathieson, 1877）; A. J. Wilson, *Practical Hints to Investors and Some Words to Speculators*（London: C. Wilson, 1897）; C.H. Thorpe, *How to Invest and How to Speculate : Explanatory of the Details of Stock Exchange Business, and the Main Classes of Securities Dealt In; Together with a Glossary of Terms in Common Use*（London: G. Richards, 1901）; Ernest Wallis, *Hints to Small Investors: A Practical Handbook for Their Use*（London: The Money Maker, 1901）。

27. 一流的编辑，如白芝浩和查尔斯·杜吉德（Charles Duguid,《晨报》[*Morning Post*]的城市地区编辑），也曾出书解释股市作为一种制度的发展。Walter Bagehot, *Lombard Street: A Description of the Money Market*（London, 1873）; Charles Duguid, *The Story of the Stock Exchange: Its History and Position*（London, 1901）。

28. Michael O'Leary,Wanda J. Orlikowski, and JoAnne Yates, "Distributed Work over the Centuries: Trust and Control in the Hudson's Bay Company, 1670–1826," in Pamela J. Hinds and Sara Kiesler（eds.）, *Distributed Work*（Cambridge, MA: MIT Press, 2002）, 27–54; Ann M. Carlos and Santhi Hejeebus, "Specific Information and the English Chartered Companies, 1650–1750," in Leos Muller and Jari Ojala（eds.）, *Information Flows: New Approaches in the Historical Study of Business Information*（Helsinki: Finnish Literature Society, 2007）, 139–68; David Hancock, *Citizens of the World,* ch. 3; Miles Ogborn, *Indian Ink: Script and Print in the Making of the English East India Company*（Chicago: University of Chicago Press, 2007）, ch. 3.

29. Caitlin Rosenthal, *From Slavery to Scientific Management: Accounting for Control in Antebellum America*（Cambridge, MA: Harvard University Press, forthcoming）。

30. Ewing Matheson 的 *The Depreciation of Factories, Mines and Industrial Undertakings and their Valuation* 初版于 1884 年，到 1910 年已再版第 4 次；Emile Garcke 的 *Factory Accounts in Principle and Practice,* 初版于 1887 年，到 1922 已再版 7 次；George Norton 的 *Textile Manufacturer's Book-Keeping for the Counting House, Mill and Warehouse,* 初版于 1889 年，到 1931 已再版 15 次。也见 Thomas Millar, *Management Book-Keeping for the Manufacturer, Wholesaler and Retailer*（London: Charles and Edwin Layton,

1910); Edward T. Elbourne, *Factory Administration and Accounts: A Book of Reference with Tables and Specimen Forms for Managers, Engineers and Accountants* (London: Longmans, Green and Co., 1914). Sidney Pollard, *The Genesis of Modern Management: A Study of the Industrial Revolution in Great Britain* (Cambridge, MA: Harvard University Press, 1965), 248。

31. JoAnne Yates, *Control through Communication: The Rise of System in American Management* (Baltimore: Johns Hopkins University Press, 1989).

32. Benedict Anderson, *Imagined Communities: Reflections on the Origin and Spread of Nationalism* (London: Verso, 1983); Linda Colley, *Britons: The Forging of a Nation, 1707–1837* (New Haven: Yale University Press, 1992); Manu Goswami, *Producing India: From Colonial Economy to National Space* (Chicago: University of Chicago Press, 2004).

33. Deborah Valenze, *The Social Life of Money in the English Past* (Cambridge: Cambridge University Press, 2006).

34. Craig Muldrew, *The Economy of Obligation: The Culture of Credit and Social Relations in Early Modern England* (Basingstoke: Palgrave Macmillan, 1998).

35. Carl Wennerlind, *Casualties of Credit: The English Financial Revolution* (Cambridge, MA: Harvard University Press, 2011); Glaisyer, "Calculating Credibility."

36. Sir Albert Feaveryear, *The Pound Sterling: A History of English Money,* 2nd ed. (Oxford: Clarendon Press, 1963), 136–140.

37. Sir John Clapham, *The Bank of England: A History, Vol.* 1 (Cambridge: Cambridge University Press, 1944), ch. 1.

38. Randall McGowen, "From Pillory to Gallows: The Punishment of Forgery in the Age of the Financial Revolution," *Past and Present,* 165, 1 (1999), 107–140.

39. RandallMcGowen, "The Bank of England and the Policing of Forgery, 1797–1821," *Past and Present,* (2005), 81–116.

40. 事实上，要到 1844 年《银行法》颁布后，金本位制才完全建立。在此之前，英国 1/5 的银行仍被允许以银为计算标准。Ted Wilson, *Battles for the Standard: Bimetallism and the Spread of the Gold Standard in the Nineteenth Century* (Aldershot: Ashgate,

2000）, ch. 2。

41. 直到19世纪90年代,一个金银复本位联盟（Bimetallic League）才在曼彻斯特成立,他们认为对重振兰卡郡的纺织品出口而言,货币改革是十分必要的。他们的理由十分充分,与金本位保护协会（Gold Standard Defence Association）的论据旗鼓相当。Ewen Green, "Rentiers versus Producers? The Political Economy of the Bimetallic Controversy c. 1880–1898," *English Historical Review,* 103,（1988）, 588–612; A. C. Howe, "Bimettalism, c. 1880–1898: A Controversy Re-Opened?" *English Historical Review*（1990）, 377–391。

42. Timothy L. Alborn, "Coin and Country: Visions of Civilisation in the British Recoinage Debate, 1867–1891," *Journal of Victorian Culture,* 3, 2,（1998）, 254.

43. Om Prakash, "On Coinage in Mugahl India," *Indian Economic and Social History Review,* 25, 4（1988）; Manu Goswmani, *Producing India: From Colonial Economy to National Space*（Chicago: Chicago University Press, 2004）, 85–102; Amiya Kumar Bagchi, "Transition from Indian to British Indian Systems of Money and Banking 1800–1850," *Modern Asian Studies,* 19, 3（1985）, 501–19（503）; S. Ambirajan, *Political Economy and Monetary Management: India, 1766–1914*（Madras: Affiliated East-West Press, 1984）.

44. 然而,由于金本位制使所有货币都能兑换为英镑,因此它维持了关税的存在,后者对贸易造成了更大的阻碍。Barry Eichengreen, *Golden Fetters: The Gold Standard and the Great Depression, 1919–1939*（Oxford: Oxford University Press, 1996）; Catherine Schenk, *The Decline of Sterling: Managing the Retreat of an International Currency, 1945–1992*（Cambridge: Cambridge University Press, 2010）。

45. John J. McCusker, "Weights and Measures in the Colonial Sugar Trade: The Gallon and the Pound and their International Equivalents," in his *Essays in the Economic History of the Atlantic World*（London: Routledge, 1997）, 84.

46. Ronald Zupko, *The Revolution in Measurement: Western European Weights and Measures since the Age of Science*（Philadelphia: American Philosophical Society, vol. 186, 1996）, 25–26。其他的弹性单位还包括桶、棉铃（boll）、蒲式耳（bushel）、车皮（cartload）、大桶（hogshead）、大酒桶（pipe）、壶、货车（wagonload）。也见R. D. Connor, *The Weights and Measures of England*（London: H. M. S. O, 1987）; Daniel Headrick, *When*

Information Came of Age: Technologies of Knowledge in the Age of Reason and Revolution, 1700–1850（New York: Oxford University Press, 2000）, ch. 2.

47. McCusker, "Weights and Measures in the Colonial Sugar Trade," 85–87.

48. Zupko, *The Revolution in Measurement,* 178.

49. Goswami, *Producing India,* 86; Zupko, *The Revolution in Measurement,* 232–68.

50. 对1667年到1812年之间的国民收入共有15种估算。Julian Hoppit, "Political Arithmetic in Eighteenth Century England," *Economic History Review,* 49, 3（1996）, 516–540; William Petty, *Political Arithmetic*（1690）; idem, *Verbum Sapienti*（1691）; William Playfair, *The Commercial and Political Atlas: Representing, by Means of Stained Copper-Plate Charts, the Progress of the Commerce, Revenues, Expenditure and Debts of England during the Whole of the Eighteenth Century*（Cambridge: Cambridge University Press, [1786] 2005）。

51. Adam Tooze, *Statistics and the German State, 1900–1945: The Making of Modern Economic Knowledge*（Cambridge: Cambridge University Press, 2001）。Goswami, *Producing India,* chs. 2 and 7. 在英国，国家政府往往会慢一拍：尽管《经济学人》在1869年就登载了英国的物价指标，国家贸易部到1903年才这么做。

52. Tooze, *Statistics and the German State, 1900–1945,* 9；同前，"Trouble with Numbers: Statistics, Politics, and History in the Construction of Weimar's Trade Balance, 1918–1924," *American Historical Review,* 113, 3（2008）, 678.

53. Timothy Mitchell, *The Rule of Experts: Egypt, Techno-Politics, Modernity*（Berkeley: University of California Press, 2002）, 6. See also Jed Esty, *A Shrinking Island: Modernism and National Culture in England*（Princeton, NJ: Princeton University Press 2003）, ch. 4.

54. 关于两次世界大战期间英国经济统计数据的不足和间断，见 C. F. Carter and A. D. Roy, *British Economic Statistics: A Report*（Cambridge: Cambridge University Press, 1954）。

55. Jim Tomlinson, "Inventing 'Decline': The Falling Behind of the British Economy in the Postwar Years," *Economic History Review,* 49, 4（1996）, 731–57；同前，"Managing the Economy, Managing the People: Britain c. 1931–1970," *Economic History Review,* 58, 3

（2005）, 555–585.

56. Walter Bagehot, "The Postulates of English Political Economy, No.1," *Fortnightly Review*（February 1876）, 215; Julian Hoppitt, "The Contexts and Contours of British Economic Literature, 1660–1760," *Historical Journal*, 49, 1（2006）, 79–110; Catherine Gallagher, *The Body Economic: Life, Death and Sensation in Political Economy and the Victorian Novel*（Princeton, NJ: Princeton University Press, 2008）.

57. Marion Fourcade, *Economists and Societies: Discipline and Profession in the United States, Britain and France, 1890s-1990s*（Princeton, NJ: Princeton University Press, 2009）, ch. 3.

58. 这些图表全部来自 Michie, *The London Stock Exchange.*

59. W. A. Thomas, *The Provincial Stock Exchanges*（London:Cass,1973）.

60. Mokyr, *The Enlightened Economy,* 28–29.

61. Margo Finn, *The Character of Credit: Personal Debt in English Culture, 1740–1914*（Cambridge: Cambridge University Press, 2003）, ch. 7.

62. 在罗伯特·罗伯茨（Robert Roberts）对 "一战" 前他父母在索福特经营的商店的描写中，这点非常重要。*The Classic Slum*（Manchester: Manchester University Press, 1971）, ch. 5.

63. Josh Lauer, "From Rumor to Written Record: Credit Reporting and the Invention of Financial Identity in Nineteenth-Century America," *Technology and Culture,* 49, 2（April 2008）; "The Good Consumer: Credit Reporting and the Invention of Financial Identity in the United States, 1840–1940," *Enterprise and Society,* 11, 4（2010）, 686–694. 我非常感谢 David Vincent 与我分析他关于美国信用社的研究的资料。

64. 其中的一种解释，见 John Fielden, *The Curse of the Factory System*（London: A. M. Kelley,［1836］1969）. Robert Gray, *The Factory Question and Industrial England, 1830–1860*（Cambridge: Cambridge University Press, 1996）.

65. Patrick Joyce, *Work, Society and Politics: The Culture of the Factory in Late Victorian England*（Brighton: Methuen, 1981）; Martin Weiner, *English Culture and the Decline of the Industrial Spirit, 1850–1980*（Cambridge: Cambridge University Press, 1981）.

索引

（本索引依据英文原书翻译，索引页码为原书页码，即本书边码。）

abstraction, forms of, 抽象化形式, 7, 13–16, 51–53, 62, 72, 76, 78, 88, 120, 128, 130–33

Acland, Richard, 理查德·阿克兰, 89

Act of Union (Ireland),《联合法案》（爱尔兰）, 30, 52

Act of Union (Scotland),《联合法案》（苏格兰）, 14, 27, 52, 55, 112, 116

Admiralty Arch, 海军拱门, 72

Admiralty Office, 海事处, 70

Africa, 非洲, 25, 43, 67, 68, 73, 74, 102,

agricultural revolution, 农业革命, 4

air control, 制空权, 67

Alsager, Thomas, 托马斯·阿尔萨吉, 109

Amalgamated Society of Engineers, 工程师联合会, 80

American Association for PublicOpinion Research, 美国民意调查协会, 88-9

Amsterdam, 阿姆斯特丹, 108

anonymity, 匿名性, 4, 14, 19, 38, 40, 43, 48, 49,50, 51, 60–61, 62, 78, 90, 94, 95, 101,102, 106, 123, 128, 146

Anti-Corn Law Circular, 《反谷物法传单》, 83

Anti-Corn Law League, 反谷物法同盟, 83, 109

Antwerp, 安特卫普, 108

Asia, 亚洲, 8, 10, 27, 39, 79, 102, 129

Auckland, 奥克兰, 88

Australia, 澳大利亚, 13, 87, 94, 115

Bagehot, Walter, 白芝浩, 69, 109, 119, 126

Baldwin, Stanley, 史丹利·鲍德温, 124

Blanqui, Jerome, 杰罗姆·布朗基, 100

Bank of England, 英格兰银行, 58, 105, 112–14

banks, 银行, 103, 104, 113, 114

Battle of Plassey (1757), 普拉西战役 (1757), 66

Bethnal Green, 贝思纳尔格林, 23

Birmingham, 伯明翰, 23, 24, 66, 81, 85, 92

Board of Excise, 税务委员会, 59

Board of Trade, 贸易部, 70, 116, 118

Boulton, Matthew, 马修·博尔顿, 106

Bristol, 布里斯托, 68, 79, 108

British Broadcasting Corporation, 英国广播公司, 88

British Empire, 大英帝国, xiv-xv, 13, 16, 25, 56, 58,72–3, 117

British Guiana, 英属圭亚那, 98

British Market Research Society, 英国市场调研协会, 88

British Union of Fascists, 英国法西斯联盟, 89

Bullion Committee, 黄金委员会, 113

bureaucracy, systems or forms of, 官僚体系, xi, 7,14, 15, 51–65, 72–76, 78, 80, 83, 89–90,98, 130

business management practices,changes in, 商业管理模式的变革, 101, 106–7, 110–11, 125

Calcutta, 加尔各答, 10, 34, 35, 88

Canada, 加拿大, 13, 115

canals, 运河, 27, 103

Cape Colony, 开普殖民地, 73, 115

Cape Town, 开普敦, 88

capitalism, 资本主义, 2, 3, 6, 100–101, 102, 106, 121

Caribbean, 加勒比, 25, 27, 79, 102, 110, 116

Cartwright, John, 约翰·卡特莱特, 82

cash economy, emergence of, 现金经济的出现, 103,112–15, 122

Chartists, 宪章主义者, 65, 69, 81–83

China, 中国, xv, 7, 9, 51, 67, 76

Circular to Bankers, 《银行家报单》, 109

civil service, 文官（科举）51, 52, 62–5, 70, 76, 119;
　　Civil Service Commission, 文官事务委员会, 63

civil society, 文明社会, 14, 77–90, 99, 107

Clark, Peter, 彼得·克拉克, 80

class, 阶级 44, 45, 46

Cobbett, William, 威廉·科贝特, 82, 114

Cobden, Richard, 理查德·科布登 114, 115

coffee houses, 咖啡厅, 37, 78, 104, 108

索引 | 219

Colonial Office, 殖民部 70

colonial rule, 殖民统治, 34, 55–57, 60–61, 67–69,72–74, 76, 97–98, 130–31

Colonial Service, 英国殖民地公职机构, 74

Combination Acts,《结社法》, 80

Commonwealth Party, 联邦党, 89

Companies Act (1844),《公司法》(1844), 105, 106

Conservative Party, 保守党, xiv, 84, 96;

Conservative Central Office, 保守党中央办公厅, 84;

National Union of Conservative Associations, 全国保守党协会, 84

Cornwallis, Charles, 查尔斯·康沃利斯 60

Corresponding Societies, 通讯协会, 82

corrupt practices, and legislationagainst, 腐败行为, 立法禁止, 85, 91, 94, 96, 97

Course of Exchange and Other Things, the,《交易及其他》, 108

credit, 信用 / 信贷, xxxii, 101, 122–23

Daily Mail,《每日邮报》, 86

Definition of Time Act (1880),《时间定义法案》(1880), 69

Disraeli, Benjamin, 本杰明·迪斯雷利, 72, 85

distance, collapse of, 距离的瓦解, 8, 12–13, 23, 27–35,36, 46–47, 49, 51, 62, 65–69, 72, 87,101–4, 111, 115, 121, 124, 125

district officer, 地区官吏, 61, 74

Downing Street, 唐宁街, 70

Dublin Post Office, 都柏林邮局, 68

Dulwich, 杜尔维治, 92

East India Company, 东印度公司, 35, 55, 60, 62, 68, 73, 74, 102, 110, 115

Economic Journal,《经济学杂志》, 120

Economist, the,《经济学人》, 109, 126

economy, the, 经济, 109, 111–20

Egley, William Maw, 威廉·莫·埃格莱, 40

Egypt, 埃及, 58, 67

electoral reform, 选举改革, 77, 90–98

Electoral Register, 选民名册, 83, 93

Empire Press Union, 英联邦出版社联盟, 88

Empire Service, 帝国电台, 88

Engels, Frederick, 弗雷德里克·恩格斯, 3

England, 英格兰, 4, 8, 11–13, 19, 23, 25, 30, 39, 42, 48, 54, 57, 58, 66, 86, 91, 111, 116

English Civil War, 英国内战, 86

Enlightenment, the, 启蒙运动, xii, 15, 17, 52, 128, 132; of the East, 14

Estates Gazette,《屋报》, 109

factories, 工厂, 46, 64, 106, 121, 125

factory system, 工厂系统, 15, 124–25

family life, changes in, 家庭生活的变化, 44–50

Farr, William, 威廉·法尔, 55, 57

Fédération Internationale de FootballAssociation（FIFA）, 国际足球联合会, 81

Fiji, 斐济, 73

Football Association, 足球协会, 81

Foreign Office, 外交部, 70

forgery, 伪造, 112–113

France, 法国 9, 11, 14, 21, 52, 53, 113, 114, 117

Francis Playford's Practical Hints forInvesting Money,《弗朗西斯·普莱福特的实用投资诀窍》, 109

freemasons, 共济会会员，79

friendly societies, 友好的社会，36, 80

Gallup, 盖洛普民意调查，88

Galton, Francis, 弗朗西斯．高尔顿，40, 43

General Post Office（GPO），英国邮政总局，30

General Registrar's Office（GRO），英国注册总署 54–55, 57

General Strike（1926），大罢工（1926），66

Germany, 德国，117

Gladstone, William, 威廉·格莱斯顿，85, 114

Glasgow, 格拉斯哥，23, 24, 121

Glorious Revolution（1688），光荣革命（1688），14, 15, 128

Gold Coast, 黄金海岸，98

Gold Standard, 金本位，111–15

Gordon Riots（1780），戈登暴乱（1780）65

Great Recoinage（1696），1696年货币重铸，112

Great Transport Strike（1911），交通大罢工（1911）66

Great Trigonometric Survey of India, 印度大三角测量，57

Great War, the, 第一次世界大战，27, 58, 67, 72, 96, 107, 114, 118

Habermas, Jurgen, 尤尔根·哈贝马斯，77

Hamburg, 汉堡，67, 108

Hardie, Keir, 凯尔·哈迪，85

Himalayas, 喜马拉雅，57

Hobsbawm, Eric, 艾瑞克·霍布斯鲍姆 100

Home Office, 内政部，66

Hong Kong, 香港，68, 88

Houses of Parliament, 国会大厦, 65, 68, 70, 72, 81,84, 90, 92, 94, 105
Hudson's Bay Company, 哈德逊湾公司, 102
How the Poor Live,《穷人如何生活》, 43
How to Read the Money Article,《如何看货币》, 109
Hunt, Henry, 亨利·亨特 82
Hyde Park, 海德公园, 89
Hyndman, Henry, 亨利·海因德曼 85

Imperial Chemical Industries (ICI), 帝国化学工业 (ICI), 107
Imperial Weights and Measures Act (1824),《帝国度量衡法》(1824), 116
Imperial Wireless Scheme, 帝国无线电计划, 88
indentured labor, 合同工, 25–26
India Office, 印度事务部, 70
Indian Army, 印度军方, 73
Indian Civil Service, 印度文官, 73–4
industrial revolution, 工业革命, xii-xiii, 15, 100,128, 132
industrialization, 工业化, xiii, 4, 17, 21, 42, 131
Inland Revenue, 国内税收, 60, 61
International Labor Organization, 国际劳工组织, 119
International Monetary Fund (IMF), 国际货币基金会 (IMF), 119
Ireland, 爱尔兰, 8, 25, 30, 54, 55, 57, 65, 67, 68, 93
Isle of Skye, 天空岛, 64
Italy, 意大利, 9, 114, 117

Japan, 日本, 9, 12
Jevons, W.S., 威廉·斯坦利·杰文斯, 114, 120
joint stock companies, 联合股份公司, 102, 104, 105, 110

Journal of the Royal Statistical Society,《皇家统计学会学刊》，56

Kenya, 肯尼亚，74, 97, 98
Keynes, John Maynard, 约翰·梅纳德·凯恩斯，118
King Edward VII, 国王爱德华七世，72, 73
King, Gregory, 格雷戈里·金，40
Kingston (Jamaica), 金斯顿（牙买加），88

Labour Party, 工党，85
Lawn Tennis Association, 草地网球协会，81
Leeds *Mercury*,《利兹水星报》，87
letter writing, 写信，47
Levant Company, 远东公司，102
Liberal Party, 自由党，85; Liberal CentralAssociation, 自由党中央协会，84; Liberal Publication Department, 自由党出版部，84; Liberal Registration Association, 自由党注册协会，84; National Liberal Federation, 全国自由党联盟，84, 85
Liverpool, 利物浦，23, 24, 30, 87, 92, 108, 122
Lloyd's News,《劳埃德新闻》，108
local, the, 地方的，xi, 7, 13–15, 18, 37, 52–53, 56,58, 66, 74–76, 78–80, 84, 87, 89–90, 94, 99, 101, 103, 112, 116, 120, 122–23, 125–26, 128, 131, 133
Locke, John, 约翰·洛克，48, 112, 113, 115
London Stock Exchange, 伦敦证券交易所，121, 122
London, 伦敦，9–10, 22–24, 30, 32, 35, 37–40,43, 54, 60, 63, 65, 66, 68, 69, 78, 79, 81,86, 87, 104, 108, 110, 112, 119, 121, 122
Lord Lugard, 卢吉勋爵，73
Lowe, Robert, 罗伯特·劳，114
Luddites, 卢德分子，65

Lutyens, Edwin, 埃德温·鲁琴斯，72

Macaulay, Thomas, 托马斯·巴宾顿·麦考利，63, 77
Macclesfield, 麦克莱斯菲尔德，66
MacDonald, Ramsay, 拉姆齐·麦克唐纳，85
Madras, 马德拉斯，57, 88
Maine, Henry, 亨利·梅因，3, 42, 96
Malaya, 马来半岛，73
Malthus, Thomas, 托马斯·马尔萨斯，8, 19–21, 53, 119
Malthusian trap, 马尔萨斯陷阱，8, 19, 22, 129, 131, 132
Manchester *Guardian*,《曼彻斯特卫报》，87
Manchester, 曼彻斯顿，23, 24, 32, 66, 81, 86, 87, 92, 122
mapping (of territory)，绘制领土地图，57–58
Martineau, Harriet, 哈丽雅特·玛蒂诺，119
Marx, Karl, 卡尔·马克思，2, 44, 100
Mass Observation, 民意调查，88
matrimonial adverts, 征婚启事，47–48
Mayhew, Henry, 亨利·梅休，40
McCulloch, John Ramsey, 约翰·雷姆赛·麦克库洛赫，119
Metropolitan Police, 城市警察，66
Middlesbrough, 米德尔斯布勒，32
migration, 移民，13, 22–27, 32, 45
Mills, John Stuart, 约翰·斯图尔特·密尔，119
Mills, James, 詹姆斯·密尔，119
Ministry of Munitions, 军需部，107
Ministry of Pensions, 年金部，61
mobility (of populations)，(人口) 流动性 7, 12–14, 16,

索引 | 225

18, 19, 22–27, 44, 49, 78, 128–29, 131

modernity, 现代性，xi-xii, xv-xvii, 2–7, 13, 15, 17,18–19, 50, 100, 120, 124, 127–33; as singular condition, 现代性作为唯一的境况，1–4; pluralization of, 现代性的多元化，5; and imperialism, 现代性与帝国主义，16–17

modernization, 现代化，2, 4–6, 17, 127–28

Modernization Theory, 现代化理论，xiii, 6, 131–33

monarchy, reinvention of, 王室的重塑，69, 72

monetary system, 货币制度，58, 101, 103, 111–15

Morant Bay Rebellion of 1866（Jamaica），牙买加莫兰特湾叛乱（1866），43

Morning Chronicle,《纪事晨报》，40, 86, 108

Mosely, Oswald, 奥斯瓦德·莫斯利，89

Municipal Reform Act（1835）,《市政改革法案》（1835），93

Nelson's Column, 纳尔逊纪念碑，70

New Delhi, 新德里，72

New Poor Law（1834）,《新济贫法》（1834），75, 93, 94

New Zealand, 新西兰，13, 68, 115

Newton, Isaac, 艾萨克·牛顿，112, 113, 115

Nigeria, 尼日利亚，73, 74, 97, 98

North Briton,《北不列颠报》，82

Northcote-Trevelyan Report（1854）,《诺斯科特—屈威廉报告》（1854），62–63

Napoleon, 拿破仑，117

Napoleonic Wars, 拿破仑战争，59

National Association of TradeProtection Societies, 国家贸易保护协会，123

National Charter Association, 国家宪章协会，83

national debt, 国债，58

National Gallery, 英国国家美术馆，70

national insurance, 国民保险制度, 61, 118
National Unemployed Workers'Movement, 全国失业劳工运动, 89
Negotiable Instruments Act (1881),《流通票据法》(1881), 115
Northern Star,《北方之星》, 82
Methodism, 卫理公会, 35, 49, 79
Norwich, 诺维奇, 68, 86

O'Connor, Feargus, 费格斯·奥康纳, 82
Odd Fellows, the, 怪人社, 80
Official Secrets Act,《官方机密法》, 65
Old Sarum, 古塞勒姆, 92
On the Principles of Political Economy and Taxation,《政治经济及赋税原理》, 119
Opium Wars, 鸦片战争, 67
Ordinance Survey, 英国地形测量局 57
Organization for European EconomicCooperation, 欧洲经济合作组织, 119

Paine, Thomas, 托马斯·潘恩, 82
Parliament. *See* Houses of Parliament. 国会, 见国会大厦.
Parliament Square, 国会广场, 70
Penny Post, 一便士邮政制, 68, 83
Permanent Settlement (Bengal),《永久殖民法案》(孟加拉), 60
personal, the, 个人, xi, 7, 14, 18, 36–37, 44–50, 52–53, 58, 59, 61, 63–65, 72–76, 78, 79, 88–90, 95, 101, 103–107, 120, 122–23, 124–26, 128, 131; charismatic authority, 领袖权威, 3–4, 15, 52, 69–76, 82–83, 85, 89, 99; and individualism, 个人主义, 3, 19, 48–50, 78, 93–95, 97–98, the personal column, 个人专栏, 48
Petty, William, 威廉·配第, 117
Playfair, William, 威廉·普莱威尔 118

索引 | 227

Playford, Francis, 弗朗西斯·普莱福特 109

Playford, Walter M., 沃尔特·M.普莱福特 109

Polanyi, Karl, 卡尔·波拉尼，2

Political Register,《政治纪事报》, 82

Poor Law Commission, 济贫法委员会，54, 75; poorlaw union, 济贫法联盟，52; poor law guardian 济贫法维护者，53, 75, 125

Population History Group (Cambridge)，剑桥人口史小组，20

population, growth of, 人口增长，8–11, 19–25, causes of growth, 增长原因，20–21; demographic transition, 人口转型，21–22; 91–92, 101, 128–29, 131–32; censuses of 人口普查，22, 53–57, 130; density of, 密度（城市化），11–12; mobility of 流动性（移民）12–13, 22–27

postal system, 邮政系统，68–69. See also General Post Office; letter writing. 也见"英国邮政总局""写信"

Preston, 普雷斯顿，124

Pretoria, 比勒陀利亚，88

Principles of Economics,《经济学原理》, 120

Public Record Office (PRO)，公共记录办公室（英国国家档案馆），57

Quarterly Journal of Economics,《经济学季刊》120

Queen Victoria, 维多利亚女王，63, 72

railways, 铁路 / 火车，13, 14, 27, 30, 32, 34, 35, 36, 69, 107

Redistribution Act（1885），《议席再分配法案》（1885），96

reembedding, in the local andpersonal, xxv, xxxii, 重新植入地方和个人，7, 14–16, 52, 86,96–7, 120–25, 128, 131

Reform Act（1832），《选举法修正法案》（1832），92–93

Reformation, 宗教改革，3, 6, 86

Representation of the Peoples Act（1918）,《人民代表法案》(1918), 96

Reuters, 路透社, 87

Revolt of 1857 (India), 印度民族起义（1857）, 55, 61, 72

Reynolds, G.W. M., G.W. 雷诺兹, 38–39

Ricardo, David, 李嘉图, 119

roads, 公路, 13, 27–30, 32, 35, 65, 103

Royal African Company, 英国皇家非洲公司, 102

Royal Economic Society, 英国皇家经济学会, 120

Royal Exchange, 英国皇家交易所, 103

Royal Mint, 英国皇家铸币厂, 111–13

Royal Navy, 皇家海军, 66–67

Royal Society, 皇家学会, 116

Rugby Football Union, 英式橄榄球协会, 81

Russia, 俄罗斯 xv, 9, 12, 21

Salisbury, 索尔兹伯里, 88

Say, Jean-Baptiste, 让 - 巴蒂斯特·萨伊, 100

Scotland, 苏格兰, 14, 23, 25, 27, 52, 54, 55, 57, 65, 93, 112, 119

schools, 学院, 46–47

Second World War, 第二次世界大战, xiii, 67, 88, 119

Secret Ballot, 不记名投票, 94 -96, 97, 152

Seditious Meetings Act（1794）,《危及治安集会处置法》(1794), 82

Seeley, John, 约翰·西利, 14

self, the, 自我, 49–50

settlement laws, weakening of, 定居法律的削弱, 22–23

Shanghai, 上海, 88

Sim, George, 乔治·西姆, 43

Simmel, Georg, 格奥尔格·齐美尔, 3, 7, 8

Six Acts (1819), 《六条法令》(1819), 82

slavery, 奴役, 9, 25–27; abolition of slavetrade, 奴隶交易的废除, 27

Smith, Adam, 亚当·斯密, 8, 18, 19, 101

Smith, Sir Harry, 哈里·史密斯爵士, 73

Social Democratic Federation, 社会民主联盟, 85

Social Science Research Association, 社会科学研究协会, 42

social difference, classification of, 社会差异的分类, 14, 39–44

social sciences, emergent, 逐渐出现的社会科学, 39–43

Sociological Society, 社会学社团, 43

South Africa, 南非, 13

South Pacific, 南太平洋, 79

South Sea Bubble, "南海泡沫"事件, 105; Bubble Act, 《泡沫法令》, 105

South Sea Company, 南海公司, 102

Spain, 西班牙, 9

Spencer, Herbert, 赫伯特·斯宾塞, 42

Stamp Act, 《印花税法案》, 87

state violence, projection of, 国家暴力的投射, 65–67

state, the modernity of, 国家的现代性, 51, 57–58, 76;

monumentalizing of, 扩大, 70–72

statistical societies, 统计学会, 57

steam ships, 蒸汽船, 13, 34, 87

stock exchanges, 股市交易, 104, 121

strangers, society of, 陌生人社会, xi, creation of, 创造陌生人社会, 7–9, 12–16, 18–19, 27; making sense of, 理解陌生人社会, 35–44 (see also social sciences; social difference), 也见"社会科学""社会差异", 48–50, 78, 79–80, 89, 101–102, 104–105, 107, 111, 115–17, 120, 123, 125, 128–32; the stranger, 陌

生人，7–8

Sudan, 苏丹，67, 98

Suez Canal, 苏伊士运河，35

Sussex, 苏塞克斯，96

Sydney, 悉尼，88

The Times,《泰晤士报》，86, 105, 106, 108

Thirty Years War, "三十年战争"，86

Tonnies, Ferdinand, 斐迪南·滕尼斯，3, 185

Toronto, 多伦多 88

Tanganyika, 坦噶尼喀，98

taxation, 赋税，58–61, 73, 118; income tax, 所得税，59–60

telegraph, 电报，65, 68, 69, 85, 87, 107, 121–23

telephone, 电话，107, 111, 121, 122

textile mills, 纺织厂，106, 121, 124

Toynbee, Arnold, 阿诺德·汤因比，100

trade unions, 工会，80

trade, with strangers, 与陌生人交易，7–8, 18, 60, 111, 123; over distance, 与陌生人远距离交易，101–105, 108; statistics for, 与陌生人交易的数据，117–19

'tradition'，传统，1, 4, 8, 15, 42, 73, 101, 129, 131

Trafalgar Square, 特拉法加广场，70

tramping, 步行，35–36

transportation revolution, 运输革命，13, 27–35, 65–67, 130, 131

travel guides, 旅游指南，37–39

Treason Acts (1795 & 1817)，《叛逆法》(1795 及 1817)，82

Treasury, the, 财政部，70

trust, relations of, 信任关系，xxxii, 36, 38–39, 59, 92, 101–102, 104–105, 111–17,

索引 | 231

122, 125, 128, 146

Uganda, 乌干达, 98
Unilever, 联合利华, 107
United Nations Economic and Social Commission, 联合国经济和社会委员会, 119
United Nations, 联合国, 119
United States, 美国, xii, xiv, 4, 9, 12, 13, 14, 25,88, 114, 117, 123
urbanization, 城市化, 3, 4, 9–11, 13, 23–25, 42,129, 131, 132

Victoria Embankment, 维多利亚堤岸, 70

Wales, 威尔士, 8, 11–12, 19, 23, 24, 25, 30, 32, 54, 5, 57, 66, 91
Walsall, 沃尔索耳, 66
Watt, James, 詹姆斯·瓦特, 106, 110
Weber, Max, 马克斯·韦伯, 3, 18, 51
Wedgewood, Josiah, 乔赛亚·韦奇伍德, 106
weights and measures, 度量衡, 116–17
Wellington (New Zealand), 惠灵顿（新西兰）, 88
West Africa, 西非, 27, 56, 79
West Indies, 西印度群岛, 25, 115
Whitehall. 白厅 See civil service. 见"文官"
Wilkes, John, 约翰·威克斯, 82
Wilkite movement, 威克斯运动, 82
Women's Social and Political Union, 妇女社会政治联盟, 85
World War One. 一战 See Great War. 见"第一次世界大战"

Xhosa, 科萨（人）73

Yorkshire, 约克郡，32, 112, 124

Zanzibar, 桑给巴尔，98

Zulu, 祖鲁人，67

图书在版编目（CIP）数据

远方的陌生人：英国是如何成为现代国家的／（美）詹姆斯·弗农（James Vernon）著；张祝馨译．—北京：商务印书馆，2017（2020.3 重印）
ISBN 978–7–100–13438–5

Ⅰ．①远… Ⅱ．①詹… ②张… Ⅲ．①英国－历史－研究 Ⅳ．① K561.07

中国版本图书馆 CIP 数据核字（2017）第 083728 号

权利保留，侵权必究。

远方的陌生人：英国是如何成为现代国家的
〔美〕詹姆斯·弗农　著
张祝馨　译

商　务　印　书　馆　出　版
（北京王府井大街 36 号 邮政编码 100710）
商　务　印　书　馆　发　行
山 东 临 沂 新 华 印 刷 物 流 集 团
有　限　责　任　公　司　印　制
ISBN 978–7–100–13438–5

2017 年 7 月第 1 版　　开本 880×1240 1/32
2020 年 3 月第 3 次印刷　印张 7.5
定价：45.00 元